Encontrarte a Ti Mismo

Ejercicios y Sugerencias
para Apoyar la Vida Interior
del Maestro

Encontrarte a Ti Mismo

Ejercicios y Sugerencias para Apoyar la Vida Interior del Maestro

por
Torin M. Finser

Waldorf
PUBLICATIONS

Impreso con el apoyo del Fondo para el Curriculum Waldorf

Publicado por:
Waldorf Publications
38 Main Street
Chatham, NY 12037

Título: *Encontrarte a ti mismo: Ejercicios y sugerencias
para apoyar la vida interior del maestro*
Autor: Torin M. Finser
Editora: Patrice Maynard
Formato: Ann Erwin
Traducción al castellano: Claudia Borbolla
Revisión del castellano: Nora Hidalgo de Heredia

Ilustración de portada: Lluvia dorada, pintura al pastel
por Karine Munk Finser karine@tellink.net
Fotografía de la contraportada: Sean Wiley

© 2013 por Waldorf Publications
ISBN #978-1-936367-47-4

Índice

Dedicatoria

Este libro está dedicado a tres colegas
que continúan ayudándome desde el otro lado:

David Mitchell
Betty Krainis
Thorn Zay

Prefacio

En preparación para la Conferencia de Maestros del Verano 2013 en Austin, Texas, comencé a recolectar materiales para las presentaciones que estaba planeando ofrecer. En el transcurso de lo que comenzó como "recolección", comencé a reflexionar en lo que realmente me ha ayudado en mis 35 años dentro de la profesión de ser maestro. Esto llevó a exploraciones más profundas y a varios segmentos cortos que cayeron dentro de diferentes temas.

Mientras terminaba mis preparaciones, dado el tiempo disponible, me di cuenta de que había varias razones válidas para reunir este material en un pequeño libro de varios capítulos:

1. Existe una cantidad tan vasta de material disponible en general bajo el tema del auto-desarrollo que una persona puede verse abrumada fácilmente y no comprometerse con la práctica real. Entonces me pareció que el subrayar unos cuantos temas significativos podría ser de ayuda.

2. La Antroposofía es en sí misma un método, un camino de cuestionamientos. Sin embargo, para muchos, el tiempo y las presiones del trabajo no permiten más que "leer", que es en sí de ayuda, como lo escribió y dijo Rudolf Steiner de manera que puede dar soporte al despliegue gradual de las capacidades humanas. Hay aún una necesidad de centrarse, de potenciar el material meditativo de manera que permita al maestro con tiempo limitado el mayor beneficio posible.

3. Los maestros, y de hecho todos aquellos dentro de las "iniciativas" (escuelas, Camphills, granjas, etc.) necesitan cultivar de manera consciente las fuentes de imaginación,

inspiración e intuición si desean evitar el peligro de "secarse" y acabar con las fuerzas de las que surge el buen trabajo. Este pequeño libro puede tal vez unirse a otros dirigiendo la atención a los fundamentos de nuestro trabajo.

4.   Desde mi perspectiva, como maestro Waldorf de largo tiempo quien en la actualidad sirve como Secretario General de la Sociedad Antroposófica de Norte América, parece particularmente importante prestar mi voz a estos temas a medida que buscamos recordar a los lectores de la reunión de Fundación de Navidad y lo que Rudolf Steiner llamó una necesidad urgente a unir a la sociedad con las "iniciativas hijas". Así, este pequeño libro contiene una pequeña sección en membresía y temas relacionados.

5.   Finalmente, como he tratado de hacer en mis otros libros, quisiera demostrar que es posible utilizar un lenguaje e imágenes contemporáneos para describir los ejercicios y meditaciones arquetípicos. La enseñanza interna permanece igual, pero la forma en que describimos y caracterizamos el trabajo necesita cambiar constantemente para reflejar el nivel de consciencia de nuestros tiempos.

Es gracias a mis colegas en AWSNA y en la Sociedad que siento el apoyo y motivación para hablar en capacidad de líder en pro de las metas que tenemos en común.

> – Torin M. Finser, PhD
> Keene, NH
> Junio 2013

Silencio: El Regalo de los Dioses

"Enséñanos que así como la maravilla de las estrellas en los cielos sólo se revela en el silencio de la noche; así la maravilla de la vida se revela en el silencio del corazón. En el silencio del corazón podemos ver las hojas esparcidas de todo el universo unidas por el amor".

– Del Bhagavad Gita
(Feldman, p.14)

Durante su vida, Mahatma Gandhi frecuentemente realizó afirmaciones acerca del tremendo poder y creatividad del silencio. Encontró en el silencio recursos interiores que apoyaron su trabajo en la protesta no-violenta. En lugar de polémicas y retórica sin fin, urgió a sus seguidores a adoptar periodos de silencio voluntario para encontrar el valor interior necesario para superar la opresión. Gandhi formuló el camino de satyagraha, el movimiento conocido como "fuerza del alma" o "fuerza de la verdad", ya que muchas personas pueden resistir las palabras pero sólo pocas pueden resistir el poder de la verdad silenciosa (op. cit., p.26).

En efecto, muchos de los líderes más singulares que han movido a la gente espiritual y emocionalmente practicaban periodos de silencio, algunas veces de manera voluntaria y algunas veces a través del aprisionamiento. Al respecto, uno piensa en Alexander Solzhenitsyn, Nelson Mandela y Martin Luther King. El espíritu crece cuando se le cultiva en un silencio activo.

Así que, ¿cuáles son algunos de los beneficios de encontrar silencio en la vida? He aquí unas pocas maneras de cosechar los frutos del silencio:

> » El silencio es un antídoto al ruidoso "estar ocupado" de la vida diaria.

» En silencio nos hacemos visibles ante nosotros mismos.

» En silencio nos podemos rendir a realidades superiores.

» En lugar de removernos completamente de la vida (yéndonos a un convento), uno puede encontrar santuarios en períodos de silencio cada día. Necesitamos santuarios de quietud.

» El poeta chileno, Pablo Neruda, escribió en su poema "A Callarse":

> *Si no pudimos ser unánimes*
> *moviendo tanto nuestras vidas,*
> *tal vez no hacer nada una vez,*
> *tal vez un gran silencio pueda*
> *interrumpir esta tristeza,*
> *este no entendernos jamás.*
>
> (op. cit., p.61)

» El silencio puede convertirse en una forma de comunión.

» No depende de la geografía, uno puede practicar el silencio en cualquier parte.

» En vez de ser un espacio vasto y vacío, el silencio puede tornarse rico en significado, y podemos aprender a redescubrir nuestras tareas esenciales en la vida.

» Aprender a conocer el "no hacer" puede en realidad hacernos más eficientes en el hacer.

» Podemos superar la urgencia moderna de la inquietud y encontrar una nueva calma interior.

Para los maestros que por definición están con gente todo el día, encontrar un momento de silencio, por ejemplo muy temprano o muy tarde en el día, puede ser un primer paso crucial en la práctica meditativa. Para el maestro ocupado, se pueden intentar treinta minutos en la mañana y treinta minutos al final del día. La clave es hacerlo de manera regular, pues esto hace del tiempo de silencio un hábito que se auto-soporta.

Una buena forma de comenzar es concentrarse en la respiración por un tiempo, tomando una inhalación mientras se cuenta hasta tres y exhalando mientras se cuenta hasta cinco. Esto tiende a tranquilizar a la rueda interna de hámster, uno puede gradualmente llegar a un lugar de silencio interior. Uno debe de eliminar conscientemente todos los estímulos externos, y luego incluso alejar todas las fuentes internas de distracción, tales como sentimientos, pensamientos, etc. Eventualmente uno puede llegar a un lugar en que una simple palabra, tal como "paz" puede ocupar toda su consciencia.

Después de un periodo de silencio, concentrarse de nuevo en la respiración, y cuando sea el momento indicado, regresar a la consciencia del diario. A medida que revisemos más prácticas meditativas en este pequeño libro, se puede agregar contenido, pero para iniciar, el sólo hecho de lograr un poco de paz silenciosa es un triunfo.

Sin embargo, el silencio no consiste tan sólo en alejar los estímulos externos; puede también cultivarse en los pequeños "entre-tiempos" de la vida. Incluso un espacio muy pequeño, como el intervalo entre dos notas, es un momento que puede ser mágico. La vida está muy llena de momentos entre tiempos: el viaje en un elevador, la espera de la respuesta de una llamada telefónica, el escuchar el trueno después del relámpago –todas son oportunidades fecundas. La cuestión espiritual es: "¿Qué hacemos con estos momentos entre-tiempos?" ¿Simplemente los pasamos rápidamente, nos impacientamos, los tratamos de rellenar con tareas múltiples? O podemos ser un poco más como el corazón humano, que realmente detiene el movimiento de la sangre por el momento más breve, un tiempo en el que mucho puede suceder para profundizar la consciencia humana. Si podemos expandir esos pequeños momentos de silencio en la vida diaria, podremos abrir oportunidades para que algo más entre, algo que podría ser contenido espiritual puro.

De la Naturaleza al Alma Humana y de Vuelta

En 1912 Rudolf Steiner publicó 52 versos estacionales conocidos hoy como *El Calendario del Alma*. La secuencia da seguimiento al ritmo del año en la naturaleza y a su correspondiente relación con el alma humana. Entonces, por ejemplo, el Verso 12, destinado al inicio del verano (San Juan en la literatura antigua) tiene el siguiente contenido:

> *El esplendor de la belleza del mundo*
> *Me fuerza desde profundidades del alma,*
> *A desatar fuerzas divinas de mi propia vida*
> *Al vuelo universal:*
> *Dejarme a mí mismo,*
> *Confiando, sólo buscándome*
> *En la luz del mundo y en el calor del mundo.*
> (*Calendario del Alma Antroposófico*,
> Traducción: Francisco Schneider)

Cualquiera que viva en relación con la naturaleza sabe de la "radiante belleza del mundo" al fin del mes de junio (o al fin de diciembre en el hemisferio sur), que está aún fresca con los primeros colores del verano, sus olores, luz y calidez. Esta belleza exterior puede remover el alma más íntima para desprenderse de los más angostos confines del Yo y buscar emprender el vuelo en la vastedad del mundo natural. Tal como los trascendentalistas y amantes de la naturaleza de todos los tiempos supieron, uno puede buscarse a sí mismo (a mí mismo) en la vasta expansión de la luz y el calor de verano. Tal como la naturaleza resplandece en lo físico, el alma se expande a los vastos mundos espirituales.

Lo opuesto ocurre al otro extremo del año. En lugar de comenzar con la belleza del mundo exterior, el énfasis se encuentra en la fuerza creativa del alma, luchando desde el propio centro del corazón:

La potencia creadora del alma
Aspira desde el fondo del corazón,
A encender en la vida del hombre
Fuerzas divinas para un recto obrar
Formarse a sí mismo,
En el amor humano y en la tarea del hombre
(*Calendario del Alma Antroposófico*,
verso 41, Traducción: Francisco Schneider)

¡Nuestra actividad interior puede iniciar y encender los poderes de los dioses! Podemos influenciar al cosmos a través de nuestro amor y trabajo en esta tierra. A lo largo del camino, el alma humana se da forma a sí misma a través de la calidad del trabajo que hacemos. Podemos convertirnos en aquello que necesitamos ser en servicio a otros.

Una y otra vez los versos del calendario del alma hablan a la dinámica dual de la actividad del alma humana y los ritmos en las estaciones cambiantes de la naturaleza. Haciendo los versos cada semana (y la semana espiritual inicia en el anochecer del sábado), uno puede recordar continuamente: microcosmos/ macrocosmos, Yo y el mundo. Esta es una ecuación muy saludable para los maestros, quienes tienen que vivir continuamente en la periferia (niños/ escuela/ padres de familia) y a la vez permanecer centrados en sí mismos, ofreciendo dirección y centro a cada día. Es también un camino de humildad, pues somos sólo un punto en el vasto espectro del universo. (Ver Apéndice para más acerca del Calendario del Alma).

Un aspecto del "Yo" es la personalidad que utilizamos para comunicarnos con el mundo. Pero este velo exterior cubre al verdadero Yo, el cual vive a través del tiempo, una biografía completa, e incluso múltiples encarnaciones. Luego, está el "Yo" superior, el cual no alcanza su expresión completa en una sola vida, sino vive como un "Yo" trascendente en la periferia exterior de nuestra existencia.

> Yo contemplo en la oscuridad
> De ella surge Luz –
> Luz de Vida.
> ¿Quién es esta Luz en la oscuridad?
> Soy yo mismo en mi realidad.
> Esta realidad del Yo
> Entra no en mi vida terrenal;
> No soy más que una imagen de ella.
> Pero habré de encontrarla de nuevo
> Cuando con buena voluntad hacia el Espíritu
> Habré pasado a través de la Puerta de la Muerte.
>
> (Rudolf Steiner, *Verses and Meditations*
> Sept. 2, 1923)

A través del tiempo, y de una práctica meditativa intensificada, el "Yo" puede gradualmente aprender a reconocerse a sí mismo en la luz viva. Pero en la tierra, en la vida diaria "Yo no soy más que una imagen de ella", Yo soy sólo una representación de la más grande realidad.

Pues este "Yo" superior, el que vive en la luz viva, es la parte de nosotros que está conectada con el Cristo. Mi "Yo" universal es parte del "Yo" Cristo, el Logos, o como lo ha expresado Rudolf Steiner en alemán, *das Welten Ich*.

Nos reconocemos, el "Yo" se conoce a sí mismo distanciándose de sí. Debemos dar un paso hacia *afuera de* para poder dar un paso hacia *adentro de*. Esta es una característica clave de la meditación.

Esto tiene una tremenda importancia para el maestro. Tal como necesitamos mirar ocasionalmente al espejo para ver una imagen física, como para peinarnos el cabello, así el maestro necesita continuamente pugnar para formar una actitud de alma que dice: Lo que he experimentado acerca de mí mismo en el salón el día de hoy no es más que una imagen, una imagen de quien Yo soy en realidad. Cada día es una nueva imagen, y a través del trabajo y el tiempo Yo acercarme más y más a la realidad de mi Yo, el ser superior que me guía y que es el genio de mi vida. Yo me veo a mi mismo en breves vislumbres, pero cada uno de ellos no soy realmente yo, sino una imagen pasajera.

¿Por qué es esto tan importante para el maestro? Por supuesto, está el aspecto del auto-desarrollo que se evidencia a sí mismo. Pero más allá del crecimiento personal, esta actitud del alma es justo lo que los niños, nuestros alumnos, necesitan de un maestro. No sé ustedes, pero yo recibo señales de tiempo en tiempo a lo largo del camino del descubrimiento. Y el espíritu de descubrimiento mantiene la relación niño/maestro fresca y dinámica.

En un mundo que tiene visiones reduccionistas de los niños (calificaciones, porcentajes, escuelas que reprueban a los niños) esta es una poderosa contra fuerza. Veo apenas un puntito de lo que eres realmente, pues tu ser superior es mucho más grande que lo que mis sentidos pueden apreciar en cualquier momento en el tiempo. El mundo de hoy quiere definir todo, apoyarse en datos más que en la observación. Es mejor en la profesión de la docencia si intentamos caracterizar en lugar de definir. Caracterizar es observar desde diversos puntos de vista, para "ver" desde diferentes perspectivas. Podemos entrevernos los unos a los otros, percibiendo indicios, pero nunca podemos saberlo todo acerca de otra persona. Así nos damos espacio para crecer.

El Calendario del Alma puede proveer un portal hacia esta perspectiva mayor. Y a lo largo del camino, he encontrado que el trabajo con los versos diariamente puede ser profundamente reconfortante. Hay algo tranquilizador, calmante y alentador en el hacer el mismo verso siete días continuos, y luego regresar un año más tarde al mismo ciclo. Puede tomar una cualidad ritual, de observación, que alimenta el alma en una forma silenciosa pero nutritiva a lo largo del tiempo. Insto a los maestros a vivir con este pequeño librito tal como uno viviría con un amigo cercano.

La Importancia de No Saber

La noción de no saber es anatema a las actitudes contemporáneas, de forma que uno incluso dudaría de incluso escribir sobre el tema. Nuestra visión moderna se basa totalmente en un punto de vista unilateral: Reunir información, respetar los datos, "Googlear" y descargar. Muchas personas se han vuelto adictos de la información. Si admites que no sabes algo, sería tanto como etiquetarte como "estúpido".

A pesar de esto, me gustaría defender el caso a favor de "el no saber", un estado del ser que va en contra de todo lo que nuestras escuelas enseñan normalmente. ¿Qué significa el no saber algo, el ser ignorante?

Primero que nada, ante la ausencia de datos o información, no hay nada. Esto es diferente de saber algo parcialmente, es decir, "en algún punto más adelante en este camino debemos dar la vuelta a la derecha, pero no recuerdo el nombre de la calle". Por razones de simplificación, y de mi argumento básico, quisiera tomar el estado de verdaderamente no saber nada. Para comenzar, en la ausencia de conocimiento, no hay nada, al menos en un tema en particular. Pero si uno ha estado alguna vez en esa situación, este estado no es un vacío. La experiencia de la nada es sin embargo una experiencia – desconcertante, frustrante tal vez – pero es una experiencia. Me gustaría sugerir que la experiencia de la nada puede ser tan válida como cualquier otra experiencia, y en ciertas circunstancias, puede ser de extremo valor.

En el abismo de la nada, el "Yo" personal puede estar en silencio y el espacio creado en el alma puede convertirse en una suerte de embarcación abierta a algo completamente nuevo (se podría llamar a esto el "Yo" trascendente). Mucho de lo que dejamos de ver en la vida se debe a que estamos demasiado preocupados con el equipaje que cargamos: imágenes mentales, ideas, preconcepciones, experiencias previas, etc. Todo ello tiende a bloquear la entrada de cualquier cosa nueva a nuestra consciencia.

Como maestros, es especialmente importante que seamos capaces de aclarar nuestra consciencia de tiempo en tiempo y permitir que nuevas experiencias sensoriales y nuevas formas de ver a los niños a nuestro cuidado. Como con todas las cosas con vida, los niños están en continuo cambio y crecimiento – necesitamos ver el crecimiento con ojos renovados cada día para que el crecimiento pueda ser validado y apoyado. No hay nada peor que un maestro que se hace una idea sobre un alumno y se niega a ver más nada. Cuando vemos de una forma nueva, creamos espacio para el crecimiento humano.

En un nivel más profundo, la experiencia de la nada puede abrir nuestra alma a nuevas imaginaciones, inspiraciones e intuiciones. Estas tres palabras hablan con realidades potentes – si bien intangibles – que pueden transformar una clase, lección o una experiencia. Frecuentemente cuando temblaba en mis zapatos ante el prospecto de enseñar una nueva materia de la cual sabía muy poco, tenía una experiencia del abismo. El no saber era tan poderoso que despertaba a algo "allá afuera", y ese algo descendía, por decirlo así, hacia dentro de mi ser y me daba una idea, inspiración o guía hacia un nuevo camino por el cual avanzar.

¿De dónde vienen las nuevas ideas? De donde obtenemos esas inspiraciones que nos permiten comenzar a prepararnos con nuevos bríos y entusiasmo? ¡Son regalos del mundo espiritual! Algunas veces las inspiraciones son estimuladas leyendo un pasaje de un libro, o dando una caminata por la naturaleza, pero al final, la "gran idea" me toma de tal forma que sé que algo dramático ha sucedido. El secreto de la buena enseñanza es crear las condiciones propicias para recibir más y más de estas inspiraciones. Y un paso básico en el camino es permitiendo algo de experiencia de la NADA.

Hay también muchos beneficios secundarios. He encontrado que cuando uno vacía su alma como se ha descrito, regresa con mayor atención a las pequeñas cosas de la vida: los gestos, las palabras casuales, la llamada inesperada. De pronto uno es capaz de "mirar a través" de una situación porque uno ha sido capaz de ordenar los estímulos sensoriales de una nueva manera; encontrar significado en algo que de otra forma parecería aleatorio. Uno puede ver el bosque a pesar de todos los árboles.

Parte del "no saber" es la habilidad de guardar una pregunta sin demandar una respuesta inmediata. Esto es un reto. Estoy tan habituado a obtener lo que quiero con presionar unas cuantas teclas. ¿Guardar una pregunta? ¡Debes estar bromeando! ¡Es como sentarse a la mesa sin comer!

Pero existe un gran valor en guardar una pregunta por un tiempo. Permite que la pregunta trabaje en la consciencia de pequeñas formas; piensa en la pregunta en el auto, en una reunión o en una visita con amigos. Lo que sucede es que a lo largo de los días uno comienza a atraer revelaciones. Tal vez no todas sean grandes; de hecho pueden ser tan pequeñas al principio que uno no ve su valor siquiera. Pero escríbelas. Lleva un diario con la pregunta clave como título de la página. Después de un tiempo, la vida comienza a enseñarnos de maneras sorprendentes, y una vez que se han abierto las compuertas, puede haber un torrente de revelaciones. Este es el secreto de todo mi trabajo como autor. Ahora es posible admitir que en la mayoría de los casos sabía muy poco acerca de los temas a tratar. Pero el proceso de guardar una pregunta puede prender fuego a una chispa que ilumina mucho más de lo que imaginamos.

El estado de espera alerta crea una disposición en el alma humana que permite la fertilización de pensamientos que tienen un origen mucho mayor que la mente humana. En lugar de estar limitado a una piedrita en la playa, la espera alerta nos acerca al creciente océano del pensamiento cósmico.

Después de un tiempo uno permanece con un profundo sentido de gratitud por lo que viene a nosotros del "no saber". Despertamos a una nueva consciencia de interconexión y un sentido de solidaridad con todo lo que es. Estamos todos inextricablemente tejidos en la red de la vida. ¡Este es un sentimiento tan placentero de comunidad! Ser parte de todo en la existencia inspira asombro.

Y finalmente, está el nacimiento de una nueva confianza y seguridad, una confianza que lo abraza todo. No estoy sólo, y hay una vida superior que me ayuda a encontrar mi camino en la vida. Contra-intuitivamente, es correcto que los maestros comiencen con nada, con un estado de "no saber".

Como comentario final en este tema, ha sido mi placer estudiar la vida de Kasper Hauser. Incluso tuve la oportunidad de visitar el pueblo de Ansbach, Alemania, donde vivió y donde pueden encontrarse memorias y un museo. El mundo se ha cuestionado acerca del acertijo de esta persona notable que fue mantenida en prisión por toda su infancia y adolescencia temprana, lejos de cualquier ser humano. Como sabemos, emergió como un hombre adulto pero con la consciencia de un niño muy pequeño. Este no es lugar para contar la historia completa, pero respecto al tema de este capítulo, Kasper Hauser a pesar de ser totalmente ignorante de las cosas ordinarias, mostraba varias cualidades únicas: Tenía sentidos altamente desarrollados, tan perspicaces, de hecho, que podía oler el perfume de la habitación continua, sentir la calidad de los objetos bajo una tela, y la luz del sol le cegaba al principio. Además, tenía un muy fuerte sentido de la verdad. Una mentira le era dolorosa física y emocionalmente.

Me gustaría sugerir que nuestros sentidos y sentimientos por la verdad han sufrido en nuestro moderno mundo dirigido por los datos. Estamos tan bombardeados de información que ya no podemos llegar a los temas centrales de una cuestión, y mucho tiempo y esfuerzo son desperdiciados. Segundo, nuestra habilidad para observar se ha debilitado hasta el punto de no ver lo que está frente a nosotros – escuchamos la predicción del tiempo pero no podemos interpretar las formaciones de las nubes. Nuestras habilidades básicas de supervivencia están en un punto muy bajo; si se eliminan uno o dos dispositivos estamos perdidos, literalmente. Nos hemos convertidos en zombies sobre-educados.

El misterio de Kasper Hauser está conectado con la experiencia de la nada y la identidad del Yo. En lugar de confinarnos a una prisión, necesitamos tomar tiempo cada día para retirarnos a un estado de "no saber", un lugar en el que podamos encontrar nuevos recursos

Lugar

Hace muchos años leí un libro llamado *El Poder de los Lugares* de James A. Swan. Es una maravillosa antología de lugares especiales alrededor del mundo y las tradiciones espirituales asociadas a ellos. Las descripciones están entrelazadas con mitología y enseñanzas ancestrales, además de atractivas fotografías. Desde que leí el libro, he tenido la oportunidad de visitar algunos de los lugares mencionados – de Stonehenge a Nueva Delhi, templos Hindúes y monasterios Tibetanos. A lo largo del camino he llevado preguntas: ¿A qué se debe que ciertos lugares, más que otros, estén asociados con tradiciones espirituales y desarrollo interior? ¿Existe algo inherente a la geografía de un lugar, o fueron las personas quienes consagraron esas tierras? Y, si hay lugares especiales en esta tierra, ¿qué los hace especiales?

Comenzando con la geografía, sabemos que incluso en nuestro mundo de realidad virtual, aun es importante si alguien viene de Nueva York o Tokio, Vancouver o Maui. Hay algo en nuestro lugar de nacimiento que da a nuestras vidas una rúbrica que viaja con nosotros sin importar dónde vivamos más tarde. Es como si hubiese fuerzas de vida, cualidades significativas, tal como nuestras características físicas nos distinguen de los otros. De hecho, una ubicación geográfica tiene fuerzas de vida, o como en China se les llama: *chi*.

> *Nacer con buen físico no es tan importante como nacer con una buena fortuna o destino;*
> *Nacer con una buena fortuna o destino no es tan importante como tener un corazón bondadoso;*
> *Tener un corazón bondadoso no es tan importante como tener un estado de chi positivo.*
>
> (Swan, p.205)

En el feng shui, se busca maximizar el chi positivo a través del diseño de interiores, o de alinearse a sí mismo con las fuerzas positivas de la naturaleza. Así pues, existe un arte en la ubicación y orientación espaciales.

> Los lugares tienen memorias, las personas tienen pensamientos, y hay un mundo espiritual que tiene gran efecto en nuestras vidas. Y estas cosas afectan nuestro chi, no sólo el chi a tu alrededor, sino el chi dentro de ti que te hace saludable o no, tiene influencia sobre tus interacciones con ostros, e incluso puede afectar tu manera de pensar. ...Sólo porque la ciencia moderna no puede explicar por qué pasan estas cosas no quiere decir que no sucedan.
> (Swan, p.207)

Existen formas y fuerzas en el mundo que no pueden ser vistas, pero que ejercen una influencia real en los seres humanos. Rudolf Steiner llamaba al chi de un lugar "geografía etérica", la fuerza vital de un lugar. He tratado de probar esto de varias maneras: caminando en silencio al lugar del oráculo de Delfos e, ignorando a los turistas, sólo viviendo con la sensación del lugar; o caminando por New Grange en Irlanda y experimentando el misterio de la luz; o a través de las cavernas más grandes del mundo a un par de horas de Sydney, Austraia. Estos lugares tienen una voz, y si uno está en silencio internamente, puede comenzar a escuchar las voces de los ancestros trabajando a través del chi del lugar.

"No te acerques más", le dijo Dios a Moisés. "Quítate las sandalias, porque estás pisando tierra santa". (Éxodo 3:5) Joseph Campbell habla de lugares sagrados "donde las paredes y las leyes del mundo temporal se disuelven para revelar maravillas". (Swan, p.63)

Conocemos las diferentes manifestaciones de los lugares sagrados. Hay edificaciones, como templos, mezquitas, santuarios y catedrales que han sido reconocidos como sagrados por siglos. Hay también lugares que han sido designados especialmente para estar en armonía con las fuerzas humanas y cósmicas, como el círculo de piedra de la rueda de la medicina en las montañas Big Horn de Wyoming. Y hay sitios sagrados marcados por alguna estructura u objeto artístico, como los tótems y los lugares largamente respetados por los pueblos nativos. Tal vez los más importantes en mi vida son los lugares sencillos en la naturaleza que parecen llamar y evocar un diferente estado de consciencia.

Uno de estos lugares en mi infancia era un pino 'hemlock' muy alto con maravillosas ramas regulares que eran ideales para trepar. Por años subía a lo alto, tan lejos como podía sin quebrar una rama y caerme. Ahí, en la cima del mundo, me colgaba sobre el ya delgado tronco del árbol y me mecía al viento. El olor del pino, de las pequeñas piñas, y la sensación de la savia pegajosa en mis manos permanecen en mí como una memoria viva. Mientras me aferraba a lo alto de ese pino meciéndome por encima de todo, la tierra como la conocemos se desvanecía. Estaba en mi propio mundo, unido con mi árbol. Pasaba horas allá arriba. Incluso hoy, la experiencia es casi indeleble.

Un maestro puede no tener el tiempo o presupuesto para viajar a lugares sagrados alrededor del mundo, pero la apreciación por un lugar puede ser practicada incluso cerca de casa. ¿Dónde puedes encontrar un lugar que sea reconfortante y tranquilo? ¿Hay algún lugar cercano que te hable de manera especial? ¿Por qué ese lugar en algún sendero? ¿Por qué esa silla en esa habitación? (Por ejemplo, yo siempre prefiero una silla que da la espalda al norte, con alguna posibilidad de vista al jardín.) Lo que funciona para una persona puede no ser apropiado para otra. Si pasamos una cantidad tal de horas en la vida examinando menús, decidiendo qué comer en restaurantes, ciertamente podemos destinar algo de atención a encontrar un lugar especial para nuestro trabajo interior. Y una vez que hay un descubrimiento, frecuentemente permanece por toda la vida (en mi caso, los árboles). Tu lugar especial puede convertirse en un santuario que te acoja y proteja en un mundo turbulento.

∞

Mañana y Tarde

Después de que el sol se ha puesto y la vida del trabajo se acerca a su cierre, el alma anhela poner el día a descansar. Incluso sin una práctica meditativa, hay muchas maneras de hacer esto, como escuchar música o leer algo no relacionado con las actividades del día. Pero es siempre de ayuda hacer una revisión consciente del día, comenzando con los últimos eventos y yendo hacia atrás como en una serie de diapositivas: la cena, la caminata, el camino del trabajo a la casa, la última junta del día, la llamada telefónica, la comida, el refrigerio (si hubo tiempo), etc. En lugar de tomar el contenido de cada evento, es importante simplemente permitir que las imágenes pasen por la consciencia como si miráramos una presentación de diapositivas. El efecto de esta retrospectiva en reversa es relajar nuestra conexión con lo que ha pasado y ayudarnos a soltarlo, a dejarlo ir. Este proceso de dejar ir tiene que suceder de cualquier manera si el sueño nos ha de encontrar en la noche (ver mi libro School Renewal), pero si hacemos un poco de este trabajo por anticipado, es mucho más fácil quedarnos dormidos cuando queremos.

En la Pascua de 1924, Rudolf Steiner dio dos meditaciones especiales a Martin Munch, la primera de las cuales fue indicada como especialmente de ayuda para justo después de la retrospectiva del día:

De la gracia fluye la sabiduría.
La sabiduría me da amor.
El amor toma parte en la gracia.
El amor crea belleza dentro de mí.
La belleza me trae gracia.

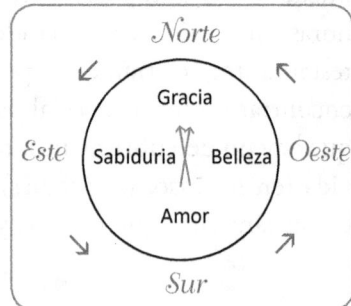

Aus Gnade fliesße mir Weisheit.
Weisheit gebäre mir Liebe.
Liebe nehme Teil an Gnade.
Liebe schaffe mir Schönheit.
Schönheit bringe mir Gnade.

Y para la mañana al despertar uno puede crear la imagen:

Una estrella sobre la cabeza.
Cristo habla desde la estrella.
  Deja a tu alma
  Ser cargada
  Por mi gran fortaleza.
    Yo estoy contigo
    Yo estoy en ti.
    Yo estoy para ti.
    Yo soy tu Yo.

Ein Stern über dem Haupte
Chr, spricht aus dem Stern
  Lasse tragen
  Deine Seele
  Von meiner Starken Kraft.
    Ich bin bei dir
    Ich bin in dir
    Ich bin für dich
    Ich bin dein Ich.
                    (Steiner, *Peace of Soul*, Pascua 1924)

He encontrado que el trabajo de la mañana es especialmente importante para encontrar una orientación y ancla para el día. Por muchos años usé una meditación que puede encontrarse en una publicación que creo que ya no está publicada, *Guidance in Esoteric Training*, revisada y traducida por Owen Barfield y Charles Davy. Antes de comenzar con las líneas que siguen, es una vez más importante encontrar quietud interior, regular la respiración y la concentración, y quizá incluso vivir con la palabra "descanso", mientras uno excluye los estímulos externos. Luego uno puede vivir con las siguientes líneas:

En la más pura Luz derramada
Brilla la Divinidad del mundo.
En el más puro Amor hacia todo lo viviente
Se derrama la divinidad de mi alma.
Yo reposo dentro de la Divinidad del mundo;
Ahí me encontraré a mí mismo,
Dentro de la Divinidad del mundo.

Después de unos cinco minutos de vivir en estas líneas, uno puede tomar una fuerte y tranquila respiración, inhalar y exhalar, y luego después de la exhalación abstenerse de respirar por un corto periodo mientras se permite a la respiración permanecer fuera del cuerpo. La exhalación debería durar el doble de la exhalación (por ejemplo, dos segundos para inhalar, cuatro para exhalar y seis para abstenerse de respirar). Uno hace este ciclo de inhalación, exhalación y abstención cuatro veces.

Todo este tiempo, uno debe sentarse en una posición relajada. Durante la inhalación y la exhalación, la mente debe estar vacía de pensamientos, pero en la primera abstención de respiración el alumno debe concentrarse en el punto que se encuentra entre y un poco detrás de las cejas, en la raíz de la nariz, dentro de la parte frontal del cerebro, mientras se concentra en las palabras "Yo soy". Durante la segunda abstención uno se concentra en un punto dentro de la laringe mientras llena la propia consciencia con la imagen: "Esto piensa". Durante la tercera abstención uno se concentra en los brazos y manos y sostiene las palabras: "Ella siente". Durante la cuarta abstención de respiración uno se concentra en la superficie del cuerpo toda y sostiene las palabras: "Él quiere". Uno puede entonces terminar con las palabras: "Yo en mi".

Todo el ejercicio no debería durar más de unos quince minutos. Si se realiza a lo largo de muchos días, puede entonces observar los efectos de este ejercicio: una nueva vitalidad originándose en cada uno de los centros del cuerpo.

Este ejercicio me ha ayudado a construir una especie de confianza silenciosa en el día que está por venir. Estar en contacto con la divinidad y con los propios centros energéticos ayuda a renovar y sostener la fortaleza a lo largo del día. Y todo se conecta con "encontrarse a sí mismo" como parte del todo.

Encontrar a Nuestro
Observador Interior

En su libro, *Meditation*, Jørgen Smit describe cómo todo adulto, con pocas excepciones, tiene un observador interior "que nota todo lo que hacemos, pensamos, sentimos o queremos, y pregunta: ¿Qué estás haciendo? ¿Qué está sucediendo?" (Smit, p.8)

Al principio la presencia del observador interior puede ser frustrante, pues puede, al principio al menos, actuar como una especie de consciencia, recordándonos nuestras intenciones y resoluciones no realizadas. Pero en el tiempo, se convierte más en una presencia estabilizadora en la vida, puede convertirse en una suerte de maestro interior, ayudándonos en el sendero de auto-desarrollo.

Una forma de fortalecer la voz del observador interior, es profundizar sobre las meditaciones de mañana y tarde mencionadas anteriormente. Uno podría preguntar: ¿Cuál ha sido el patrón de mi día? ¿Qué eventos me han sido difíciles? ¿Cómo este patrón me da información sobre mi camino de vida y a dónde me dirijo?

Hay dos ejercicios que he usado en numerosos talleres que dan un fuerte impulso al trabajo biográfico y la auto-educación:

1. Como sugirió Rudolf Steiner, uno puede mirar atrás a un momento en el tiempo, digamos, el doceavo año de su vida, y tratar de imaginar una escena tan vívidamente como sea posible. Tal vez vas en bici en un sendero en Cape Cod, o estás sentado en tu escritorio de la escuela. Sólo imagina todos los detalles como si estuvieses observando a alguien más. Esto construye un tipo de objetividad en el alma, pues necesitamos aprender a vernos a nosotros mismos tal como vemos a los otros.

2. El segundo ejercicio es escribir una lista de todas las personas de nuestra vida que nos influenciaron. Ésta puede incluir abuelos, maestros, amigos, colegas, etc. Nota que uso la palabra "influenciaron", que significa que la lista podría incluir personas que nos han lastimado de alguna manera, y ese dolor ha hecho una diferencia en quiénes somos hoy. Cuando hago este ejercicio en grupos, hay frecuentemente un silencio en la sala a la vez que las personas entran en un espacio interior sagrado. Este ejercicio construye un sentido de interconexión y gratitud. Uno se da cuenta de que somos quien somos debido en gran medida a las personas que hemos encontrado en la vida.

Así, estos dos ejercicios construyen cualidades contrastantes en el alma humana: una de objetividad y otra de tímida reverencia y gratitud. Sin embargo, tienen un propósito similar en ayudarnos a salir de nuestra consciencia diaria normal y ver con nuevos ojos, los ojos del observador interior.

En la vida diaria, tendemos a ver el mundo desde un punto de vista egocéntrico. Yo estoy en el medio de todo, y todo lo que hago es lo más importante en el planeta. Jørgen Smit dibuja un gran círculo para representar a uno mismo y muchos círculos pequeños para representar a las personas a nuestro alrededor:

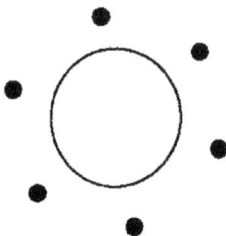

Pero uno puede sobreponerse a ésta sobre-estimación de sí mismo realizando el segundo ejercicio hasta que comienza a ver una imagen diferente: Yo sólo soy un punto en las vastas interconexiones de las muchas personas que han venido a mi vida. Uno podría incluso llegar a una sensación de ser "nada" en la suma del total de los eventos del mundo.

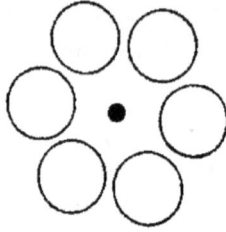

Pero entonces hay una necesidad de sobreponerse a los extremos de los dos dibujos (soy todo vs. no soy nada) para llegar a una visión más equilibrada: No sólo estoy ahí en el centro, también estoy en los otros. Si yo no estuviese en ellos también, no estaría tampoco en mí. Como individualidad, estamos tanto al centro como en la periferia (el alto y el bajo discutidos anteriormente). Algo de mi vive en otros y yo puedo a veces verme reflejado en sus ojos, sus acciones, su amor. De igual forma, algo de cada uno de mis amigos vive en mí, y sus acciones pueden encontrarse en mis acciones, sentimientos y pensamientos.

Así, los dos dibujos anteriores pueden armonizarse de la siguiente manera:

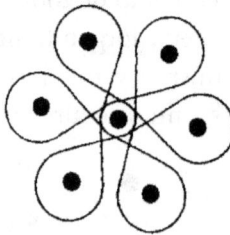

Este tipo de trabajo biográfico mejora las habilidades sociales, un factor clave en la vida de un maestro. Especialmente para un maestro que con éxito ha traído muchas lecciones llenas de vida a incontables niños, que ha influenciado vidas a través de mover imaginaciones de eventos históricos e historias, es importante bajar del "trono" de "maestro ideal" y regresar a la clase plebeya del auto-desarrollo. Los ejercicios de Biografía y la escucha de la voz interior pueden generalmente contrarrestar el egoísmo y deshacer los sentimientos de autoestima. Uno necesita tanta confianza para enseñar como humildad para crecer.

Las Dos Meditaciones
para los Maestros

Esto nos lleva a las dos únicas meditaciones que sabemos que Rudolf Steiner dio específicamente para maestros. La primera, "En la apariencia del mundo sensorial…", fue dada a los maestros poco después de la fundación de la primera escuela Waldorf, tal vez ya en Septiembre de 1919. De acuerdo con Herbert Hahn, los maestros podían copiarla del puño y letra de Rudolf Steiner. Poco fue dicho de cómo usar las meditaciones.

La segunda meditación fue dada en conexión con tres conferencias ofrecidas en octubre 15 y 16 de 1923, y después publicada como *La Educación y la Enseñanza a Partir del Conocimiento del Hombre* (GA 302a). Después de hablar acerca de la alianza con Micael, Steiner dijo, "Deseo poner esto de forma completa para su meditación, pero sólo podré hacerlo mañana". (*Towards the Deepening*, p.85)

Cuando era maestro de grupo en Great Barrington, Massachusetts, fui invitado al taller de trabajo en madera un día por Thorn Zay, uno de los fundadores de la escuela. Ahí, en la tosca mesa labrada, estaban las dos meditaciones escritas por él mismo. Me dijo algo acerca de ellas en conexión con el trabajo del Colegio de Maestros y me invitó a copiarlas con mi puño y letra. Algo acercad de ese intercambio se ha quedado conmigo todos estos años. Hoy, cuando uso las meditaciones en mis cursos para maestros en la universidad de Antioch, Nueva Inglaterra, insisto en que mis alumnos escriban sus propias copias si quieren trabajar con ellas. Este es el inicio de una relación personal especial con este contenido (especialmente en una escuela de posgrado en la que proliferan las fotocopias y apuntes).

A través de los años he desarrollado un método para trabajar con las dos meditaciones para los maestros en el contexto de la formación de maestros que espero estimulará un verdadero compromiso. Como cuando alguien una vez preguntó, "¿Cuál es la mejor meditación para mi?" y el maestro sabio respondió, "La que realmente practiques".

El método con el que he trabajado involucra la realización de preguntas para ponderar por una semana cada una, si es posible. Al inicio de cada clase leo la meditación entera y luego regreso y leo sólo unas líneas antes de hacer la pregunta de la semana. Se pide a los alumnos llevar la pregunta a casa, considerarla en sus caminatas, antes de dormir o cuando tengan algunos minutos lejos de la complicada rutina de la vida. Luego al inicio de la siguiente sesión una semana más tarde, comenzamos la clase compartiendo sus experiencias con la cuestión. Ya que ha sido todo un viaje, algunos quieren ofrecer una presentación; pero en lugar de eso, pido descripciones y observaciones aforísticas cortas, incluso sólo frases, que recolectamos sin comentarios, explicaciones o refutaciones. Después de unos minutos, esto forma un especie de navío para contener la consciencia del presente, y es en ese espacio en el que leo las siguientes líneas y ofrezco la siguiente pregunta.

Aunque las preguntas pueden variar, aquí hay algunas líneas de la primera meditación con las preguntas que podrían seguir:

> *En la apariencia del mundo sensorial*
> *vive la voluntad del espíritu*
> *dándose como luz de sabiduría*
> *y ocultando fuerza interior.*

Pregunta: Mientras vemos a nuestro alrededor la naturaleza – los árboles, plantas, flores y rocas en este mundo sensorial- ¿Cómo podemos vislumbrar la voluntad del espíritu? ¿Qué está oculto y qué se derrama?

En el Yo del propio ser
aparece la voluntad humana
como manifestación del pensar
apoyándose en su propia fuerza.

Pregunta: Mientras avanzo en el día, haciendo labores y trabajando, ¿cómo experimento la voluntad humana?

Y la propia fuerza unida fuertemente
a la luz de la sabiduría del mundo
hacia el propio Ser,
me configura a mí
que me dirijo a las alturas divinas
buscando fuerzas que me iluminen.

Pregunta: ¿Cuál es la diferencia entre luz e iluminación?
O: ¿Cómo ha sido mi propio Ser modelado a través del tiempo?
O: ¿A dónde miro cuando necesito ayuda de verdad?

Estas últimas ilustran que, a medida que las sesiones evolucionas, puedo comenzar a calibrar las preguntas respecto a lo que recibo en los aforismos compartidos al inicio de cada sesión. El tono y naturaleza de los seres humanos en la sala puede comenzar a dirigir el tipo de preguntas realizadas.

He encontrado esta meditación especialmente efectiva en los meses de septiembre cuando todos estamos realizando la transición del verano al otoño y la naturaleza en New Hampshire se vuelve un arreglo de vívidos colores. Hay una fuerte cualidad Micaélica en esta primera meditación.

Después de algunas semanas, escribimos la primera meditación y terminamos la clase invitando a todos a llevar los tres versos a casa como una unidad, vivir con ellos por una semana, y regresar para una última sesión de compartir. Esta vez la pregunta es más abierta: ¿Cuál es tu experiencia después de haberlo probado por una semana? Después de sólo tres o cuatro semanas de trabajo, la calidad de las contribuciones suele sorprenderme. El grupo se convierte en un círculo de colegas que pueden compartir su trabajo interior y apoyarse unos a otros en una búsqueda Antroposófica.

Entonces pasamos a la segunda meditación:

> *Mirar espiritual*
> *dirígete hacia adentro contemplando;*
> *tocar del corazón*
> *toca el tierno ser del alma.*

Pregunta: En tu experiencia, ¿cuál es la diferencia entre mirar y tocar?

> *En el mirar del espíritu que presiente*
> *en el valeroso tocar del alma*
> *ahí se teje el ser-consciente.*

Pregunta: ¿Cómo puedo hacerme más consciente?

> *Ser consciente que,*
> *desde la parte superior e inferior*
> *del ser del hombre,*
> *une la claridad del mundo*
> *a la oscuridad de la tierra.*

Pregunta: ¿Por qué necesitamos tanto el brillo cósmico como la oscuridad terrenal en nuestras vidas? (A veces ofrezco a los estudiantes un ejemplo, como el nacimiento del color a través del juego entre la luz y la oscuridad...)

> *Mirar espiritual,*
> *tocar del corazón*
> *divisa, tantea, en el interior del hombre*
> *el tejer de la claridad cósmica*
> *en el obrar de la oscuridad de la tierra.*

Pregunta: ¿Cómo pueden los seres humanos traer una cualidad de "tejer" en el trabajo como la naturaleza, los encuentros humanos y el desarrollo de la comunidad?

> *Mi propio yo,*
> *concibiendo la fuerza formadora del hombre*
> *creando fuerza,*
> *portando voluntad*

Pregunta: ¿Cómo puede el maestro concebir fuerzas formadoras (fuerza etérica) para sostener el trabajo y florecer en el tiempo? Esta pregunta se conecta íntimamente con la renovación del maestro y el trabajo desde el propio Ser consciente.

Después, cuando en una semana subsecuente mis alumnos han una vez más copiado a mano la meditación completa, les pido llevarla a casa y vivir con el "todo", pero esta vez observándola desde un punto de vista estructural: palabras por renglón, renglones por verso, número de referencias a "mirar" o "tacto/tocar". Les advierto acerca de los peligros de volverse demasiado analíticos, pero menciono que también existe sabiduría que puede encontrarse en la estructura.

Después de que han compartido acerca del tema, tomamos una semana más para compartir las experiencias generales del semestre completo trabajando con ambas meditaciones. Les pido considerar adoptarlas como amigos a lo largo de su viaje como maestros.

Finalmente quisiera mencionar que las traducciones que he usado fueron hechas por Arvia M. Ege, cuyo esposo fue mi padrino. Karl y Arvia, junto con Christy y Henry Barns y Dorothy y William Harrer, fueron todos maestros originales en la Rudolf Steiner School en la calle 79 en Manhattan, una escuela a la que asistí en los dos años de Kindergarten. Es tan importante en nuestro trabajo reconocer a las personas que han forjado el camino. Nos apoyamos en los hombros de muchos individuos extraordinarios y singulares, y la gratitud es un estado anímico del alma en el camino del desarrollo espiritual. (Traducciones al castellano: Ana María Rauh)

También solicito que en las copias escritas a mano de las dos meditaciones, los alumnos de Antioch se aseguren de escribir: "por Rudolf Steiner". Nunca debemos separar al hombre de su trabajo —o al trabajo del éxito de la Antroposofía en el mundo.

Nosotros somos hoy representantes de ese trabajo. Si uno es maestro en una escuela Waldorf, agricultor en una granja biodinámica, trabajador en una comunidad Camphill, etc., estamos en el trabajo de la Antroposofía. Y si uno está en este trabajo, no puede negar su existencia ni su relevancia hoy.

Membresía en la
Sociedad Antroposófica

(Nuestros miembros son la Sociedad Antroposófica)

De acuerdo a algunas estimaciones, hay unas 8 millones de personas den el mundo a quienes algunos han llamado "creativos culturales", que tienen ciertos valores en común. Ellos:

» quieren reconstruir las colonias y comunidades
» temen la violencia hacia mujeres y niños
» gustan de los que es extranjero y exótico
» ven a la naturaleza como sagrada
» tienen valores en pro del medio ambiente
» creen en la sustentabilidad ecológica
» creen en la simplificación voluntaria
» creen que las relaciones son importantes
» creen que el éxito no es una prioridad
» son altruistas
» son idealistas

(Paul Ray, p.29)

Junto con las altas tasas de trabajo voluntario, orientación espiritual, creer en una salud holista, etc., están las personas que están frecuentemente activas en las cooperativas alimentarias locales, mercados de productores y agricultores, instituciones culturales locales y escuelas alternativas. Ellos están comprometidos con el cambio social y la justicia social.

Dentro del gran grupo de creativos culturales, se pueden encontrar a muchos padres de escuelas Waldorf, comunidades Camphill y consumidores de productos Hauschka y Weleda, por no mencionar vinos biodinámicos. Se puede estimar que los miembros de estos grupos suman al menos tres o cuatro millones en el mundo, tal vez más.

Si damos seguimiento a los círculos concéntricos aún más, encontramos incluso un círculo mas pequeño de individuos que han tomado el trabajo de la Antroposofía de manera consciente: Son los maestros de las escuelas Waldorf, los colaboradores Camphill, los agricultores biodinámicos, miembros de grupos de estudio, etc. Aquí tenemos al menos a un millón de individuos trabajando a partir de la Antroposofía y el trabajo de Rudolf Steiner.

Finalmente, existen 47,000 miembro de la Sociedad Antroposófica en el mundo, en diciembre de 2012.

Para convertirse en miembro, todo lo que una persona tiene que hacer es reconocer la validez de la Antroposofía en el mundo y la existencia de la Escuela de Ciencia Espiritual ubicada en el Goetheanum en Dornach, Suiza. No hay requisitos de asistencia, creencias o acciones. Muchos miembros simplemente se mantienen en contacto a través de comunicaciones o boletines en línea. La mitad de los miembros de Estados Unidos viven lejos de otros miembros. Otros toman parte en conferencias y grupos de estudio y trabajan desde la Antroposofía en sus profesiones. Sin importar la situación, se enfatiza la libertad. Lo que sea que uno haga es a partir de la iniciativa propia, no a partir de requisitos o expectativas de otros. Un compromiso con la libertad personal está en el corazón de la Antroposofía.

Sin embargo, una vez que la Antroposofía se ha hecho parte de nuestras vidas, hemos sido cambiados. Para algunos, el despertar viene del camino del conocimiento, un libro, una idea, un comentario que mueve un profundo anhelo para una visión expansiva de la humanidad y una evolución que es posible a través de la Antroposofía. Una vez que se comienza a descubrir los aspectos más profundos de la vida, es casi imposible ir hacia atrás —lo superficial se convierte en el pan duro.

Para otros, el encuentro con la Antroposofía viene a través de la esfera práctica de la educación Waldorf, los productos de las granjas biodinámicas, la educación especial, remedios de Weleda o Hauschka. Después de un tiempo la cuestión suele surgir acerca del origen de estas maravillosas iniciativas, y luego, a veces en conversaciones, uno escucha acerca de Rudolf Steiner y su trabajo pionero. Necesitamos ser más explícitos en describir las "raíces" del trabajo hecho en beneficio de la humanidad.

Otros se encuentran con la Antroposofía en la esfera social, a través de otras personas, digamos en la sección infantil o en un grupo de personas en una conferencia o retiro. Algunas veces uno encuentra una individualidad singular tan irresistible que quiere conocer más. Existen incontables personajes que han encontrado la Antroposofía en el mundo de habla inglesa a través de Henry Barns, John Davy, Francis Edmunds, John Gardner, Werner Glas, René Querido, Virginia Sease, Jørgen Smit, Betty Staley y otros. Estas personas frecuentemente pueden relatar los detalles exactos de su primer encuentro con uno de estos extraordinarios individuos.

Así, las personas se encuentran con la Antroposofía a través del pensar, sentir o hacer, y luego en el encuentro con otros, surge una necesidad de asociarse con los que han hecho lo mismo y con quien uno piensa que quiere tener una conversación significativa. La Sociedad Antroposófica fue diseñada para esta libre asociación y conversación significativa, y ofrece conferencias, boletines, sitios web, teleconferencias, grupos de interés y otros caminos creados por miembros para encontrarse en una búsqueda común.

Pero a diferencia de una escuela o una práctica médica, la manifestación externa de la Sociedad frecuentemente permanece tímida, como una conversación que se siente y luego se duerme hasta que es retomada. Esto pone la existencia de la Sociedad en suelo débil; en su poco convencional base de existencia. Tal como el corazón humano, su sustento físico es mínimo, pero carga enorme potencial cuando se compromete.

Rudolf Steiner habló de estos asuntos en sus conferencias *Despertando a la Comunidad*, como la que ofreció el 23 de enero de 1923:

> Las ideas son para la Antroposofía los cálices tallados desde el amor, donde espiritualmente se recoge al ser del hombre desde los mundos espirituales.
>
> Con la Antroposofía ha de brillar la luz de la verdadera humanidad envuelta por pensamientos impregnados de amor. El conocimiento es sólo la forma en que, a través del hombre, ha de darse la posibilidad que el verdadero espíritu, desde las amplitudes cósmicas, se concentre en los corazones humanos, y a partir de ellos pueda iluminar los pensamientos de los hombres.
>
> Y como la Antroposofía realmente sólo puede ser captada por el amor, por esa misma razón ella misma crea amor cuando el hombre la aprehende en su verdadera forma
>
> (Kügelgen, *Dones Espirituales para el Educador*, p.4)

También debemos actuar para proteger y preservar aquello que queremos y valoramos. Así que es esencial para el futuro de la Antroposofía y para el trabajo que surge de las iniciativas e individuos que se han beneficiado también reconocer lo que se ha dado. Tal como la naturaleza necesita ambientes si hemos de continuar teniendo aire limpio, agua y comida saludable; la Antroposofía y nuestras escuelas Waldorf, granjas, comunidades Camphill y otras iniciativas necesitan personas que estén dispuestas a asociarse unas con otras en una sociedad viva que sea visible ante el mundo. No podemos continuamente cosechar sin sembrar. Necesitamos honrar al padre si deseamos criar niños, y necesitamos una Sociedad Antroposófica si el trabajo de los creativos culturales y muchos otros ha de ser sostenido y alimentado en los años por venir.

De la gravedad de la época
Ha de nacer
El coraje para la acción.

(Kügelgen, p.18)

Es una cuestión de autenticidad y honestidad interior el reconocer, honrar y cultivar más allá aquello que nos ha sido dado. (Ver la página de atrás para obtener detalles para contactar a la Sociedad Antroposófica de América).

∽

El Tiempo puede Curar las Heridas

Cuando seres humanos auto-conscientes intentan trabajar juntos, suceden cosas. Algunas de las interacciones llevarán inevitablemente a lastimar y al dolor. La cuestión para el meditador no es "¿Cómo puedo evitar todo el dolor y sufrimiento en la vida?", en cambio "¿Cómo trabajo con el dolor cuando este ocurre?" En cada lugar de trabajo hoy, instancias de al menos irritaciones menores a través de los encuentros personales suceden. He encontrado que, en las organizaciones y comunidades con una base espiritual, la lucha de los encuentros humanos puede ser particularmente retadora. Cuando hay ideales superiores, la "caída" puede ser más precipitada.

¿Entonces cómo podemos aprender a trabajar no sólo con las alegrías sino también con las penas que resultan de los encuentros humanos?

En el segundo volumen de *Relaciones Kármicas*, Rudolf Steiner dice: "Mis queridos amigos lo que debemos aprender primero que nada se resume en una palabra: Espera. Debemos ser capaces de esperar a las experiencias internas". Él da ejemplos de su propia vida de tener que esperar incluso siete años para que una semilla madure (por ejemplo, leer el cuento de hadas de Goethe de *La Serpiente Verde*, que más tarde se convirtió en el fundamento para sus dramas de misterio). Más luego dice que existe la posibilidad para una madurez comparativamente más rápida de una experiencia, incluso un encuentro kármico, si uno practica una secuencia de tres días/noches de actividad interior. He encontrado que si se trabaja con él diligentemente, el ejercicio de tres días/noches puede ser de gran ayuda para llegar a la claridad en los encuentros sociales.

La primera etapa consiste en imaginar el evento o situación con total claridad. Si algo sucedió en la sala de empleados a las 11 de esa mañana, más tarde en el día uno debe tratar de imaginar cada detalle del evento y los alrededores: los muebles, la ropa que ambas personas usaban, los gestos y las palabras que fueron habladas. Normalmente vamos por la vida con muchas experiencias observadas a medias, pero en este caso es esencial crear una recolección vívida de todo lo que sucedió en el máximo detalle. Es de absoluta importancia colocar frente a tu alma una imagen espiritual vívida de lo que sucedió.

La siguiente etapa del ejercicio requiere que se lleve la imagen al sueño, donde se elabora más durante la noche. Rudolf Steiner utiliza las palabras: El cuerpo astral durmiente da forma a la imagen en el éter externo. Esto es posible porque en el sueño soltamos partes de nuestra naturaleza. El ego o "Yo" y el auto-consciente "astral" se separan del cuerpo dormido del ser humano, permitiendo entonces interacciones espirituales. Así, la imagen se fortalece en esta segunda etapa.

Durante el día siguiente, uno puede regresar a la imagen original y una vez más tratar de pintarla ante el ojo de la mente. Esta actividad requiere un auténtico esfuerzo espiritual; uno debe realmente trabaja en ella —todo esto en preparación para el trabajo de la segunda noche.

Luego en la tercera etapa, la segunda noche, la imagen se elabora más por el cuerpo etérico. Las fuerzas de vida en las que nos apoyamos para vivir se hacen activas en el trabajo sobre la imagen original de tal forma que cuando uno despierta a la mañana siguiente, siente que la imagen ha cambiado. Ahora se convierte en parte nuestra, como si hubiese descendido justo dentro del cuerpo físico. Durante el tercer día terminamos caminando con la imagen en preparación para la última noche.

Si uno realmente prueba esta secuencia, despierta después de la tercera noche y siente que la imagen ha sido transformada. La imagen se ha movido de una imagen mental (primer día) a un sentimiento (segundo día) y finalmente a una realidad (tercer día).

Esta última fase tiene un elemento volitivo dentro de sí. Vemos dirección y motivo en la imagen.

A manera de describir esta última y más difícil etapa, Rudolf Steiner nos pide imaginar el momento justo antes de una carrera: Se está sobre la línea de salida, con toda intención de correr al escuchar la palabra "Fuera". Esta fuerza de voluntad está fuertemente presente en un momento tal.

Así es con la última etapa del encuentro humano después de haberlo llevado al sueño por tres noches. Después de la tercera noche, uno puede despertar a una nueva intuición, una que nace de su ser completo (pensamiento, sentimiento, voluntad). Especialmente en relación con la voluntad, uno puede ver el encuentro original como algo bastante objetivo. Esta lucha por la objetividad puede llevar a una perspectiva completamente nueva acerca del encuentro inicial, una que puede tener indicios de haberse originado en el pasado lejano, un encuentro en una encarnación previa.

Lo que es importante con todo esto no es "Oh, ahora se algo de una vida pasada", pues esto viene a forma de esbozos cuando mucho, en cambio, esta forma de trabajo de tres días/noches puede llevar a nuevos hábitos del alma. Con el tiempo, uno gana un tipo de perspectiva que ayuda incluso en el encuentro humano inicial. Se es capaz de traer un nuevo soporte a todo lo que se hace, y esto funciona como una clase de levadura en el tejido social de una organización o escuela.

Así podemos aprender a trabajar con el tiempo y darnos cuenta del viejo dicho de que cuando estamos activos, el tiempo en efecto todo lo cura.

Una nota final en este tema: El ejercicio descrito depende en un cien por ciento de la habilidad de formar una imagen mental del incidente en cuestión. Sin la imagen, uno no puede realizar la progresión de tres días/noches. Últimamente, aquellos de nosotros involucrados en la educación superior hemos notado un descenso en la habilidad de nuestros alumnos para formar imágenes mentales. Cuando se les pide crearse una imagen de un roble o un atardecer, algunos dicen que no pueden crear más que algunos bosquejos, si acaso. Batallan para formar imágenes mentales para contar una historia, en cambio, tratan de memorizar las líneas. Nuestra habilidad de crear imágenes mentales está en declive, tal como las habilidades de escucha han declinado en los últimos siglos. Aunque es difícil saber exactamente a qué se atribuye esto, muchos de nosotros pensamos que se debe a las horas frente a pantallas. Sentarse frente a una computadora desde una edad temprana puede robar a muchas personas de la habilidad de ver imágenes internas o incluso formar imágenes. Este tema merece mayor investigación.

Una de las indicaciones que son de ayuda y se encuentra en una de las primeras conferencias sobre karma (20 de febrero de 1912) involucra encontrar una nueva relación con la alegría y la tristeza. De acuerdo con la visión expresada por Rudolf Steiner, cada uno tenemos una persona más inteligente dentro de nosotros que nos guía a lo que no nos gusta para poder progresar. In nuestra vida consciente queremos evitar el dolor y el sufrimiento, por supuesto, pero esta persona más inteligente dentro nuestro nos guía hacia estas experiencias para poder crecer y beneficiarnos de ellas. En lugar de lamentarnos de nuestra "mala suerte" es de mayor ayuda preguntar: ¿Qué puedo aprender de esta situación?

De igual manera, cuando experimentamos alegría, no se debe a nuestro mérito, es en cambio un regalo del mundo espiritual (Steiner, p.53). Una vez más, esto es contrario a la actitud contemporánea de "Yo merezco esto, me lo he ganado". En cambio, demuestra humildad el adoptar la visión de que nuestra felicidad y alegría son regalos. A través de estos ejercicios y nuestra relación con la persona más inteligente dentro de nosotros, podemos hacernos conscientes del centro eterno, espiritual de nuestro ser.

∞

El Ser Humano como Fulcro en Medio de Fuerzas Contendientes

Tengo una impresión grande colgada en la pared de mi oficina que muestra lo que se conoce comúnmente como *El Representante de la Humanidad*, una muy grande escultura de madera tallada por Rudolf Steiner. Esta muy inusual pieza ha estado en mi pared por más de dos décadas y no recuerdo a ningún visitante haber comentado acerca de ella. Sin embargo me ha servido como una fuente de inspiración y fortaleza durante todo tipo de retos a través de los años. En esta sección sugiero que el maestro puede encontrar recursos internos, como yo lo he hecho, a través de vivir con esta imagen.

Incluso antes de que la construcción del Goetheanum fuese completada, Rudolf Steiner había comenzado en 1914 a trabajar en un modelo a escala de la escultura que habría de ocupar muchas horas de su tiempo. Mientras trabajaba en el modelo y más tarde en la versión de tamaño completo, frecuentemente habló en sus conferencias de la importancia de esta escultura, como la que ofreció en Linz en mayo de 1915:

> Algún día cuando el edificio dedicado a la ciencia espiritual sea completado en Dornach, contendrá, en un lugar importante, una escultura dominada por tres figuras. En el centro de este grupo una figura se va a erguir como si fuese la manifestación de lo que yo llamaría el más sublime principio humano jamás desplegado en la tierra. Por lo tanto, uno será capaz de experimentar esta representación del más elevado principio humano en la evolución de la tierra —el Cristo, quien en el curso de esta evolución vivió tres años en el cuerpo de Jesús de Nazaret.

Una tarea especial en la representación de esta figura del Cristo será la de hacer dos ideas visibles. Primero, será importante mostrar cómo el ser que nos interesa mora en un cuerpo humano. Segundo, también deberá hacerse evidente como este cuerpo humano, en cada expresión facial y en cada gesto, refleja un magnífico grado de refinamiento espiritual, que descendió con el Cristo de alturas cósmicas y espirituales hacia dentro de este cuerpo en su treintavo año.

Luego estarán las dos figuras restantes del grupo, una a la izquierda y una a la derecha de la figura del Cristo, si es que ese es el nombre apropiado para la figura que acabo de bosquejar. Esta figura del Cristo está colocada de tal forma que parece estar de pie en frente de una roca que se eleva notoriamente a Su lado izquierdo, con su pico extendiéndose sobre Su cabeza. Encima de la roca habrá otra figura, alada pero con sus alas rotas, quien por esta razón comienza a caer hacia el abismo.

Un rasgo de la figura del Cristo que debe ser trabajado con especial cuidado artístico es la manera en que levanta su brazo izquierdo, pues es precisamente este gesto el que precipita la ruptura de las alas. No debe aparentar, sin embargo, que el Cristo Mismo esté rompiendo las alas de este ser. En cambio, la interacción de las dos figuras debe ser representada para mostrar artísticamente cómo el Cristo, por el sólo movimiento de elevar su mano, expresa su infinita compasión por este ser. Sin embargo este ser no puede soportar la energía que se evidencia por las muescas que los dedos de la mano extendida parecen dejar en la roca misma. Cuando este ser se aproxima al ser de Cristo, siente algo que se puede expresar en las palabras: No puedo soportar la radiación de tal pureza sobre mí.

Este sentimiento domina tan esencialmente como para romper las alas de este ser superior y causar su inminente caída al abismo. Hacer esto visible será una tarea artística particularmente importante y verán cómo el significado de esta interacción podría fácilmente ser mal interpretado. Imaginen, por ejemplo, una representación artística del Cristo sugiriendo que por el sólo hecho de elevar Su mano, Él irradiara tal poder sobre el ser que sus alas se rompiesen, forzando la caída al abismo. En ese caso sería el Cristo Mismo quien irradiase a este ser, si así fuera, con odio, y entonces causara su descenso. En cambio, el ser debe ser representado como habiendo causado su propia caída, pues lo que debe ser mostrado cayendo hacia abajo, con alas rotas, es Lucifer.

Ahora consideremos el otro lado del grupo, hacia la derecha de la figura del Cristo. Ahí, la roca tendrá una saliente y, por lo tanto, será cóncava debajo. En esta depresión habrá otra figura alada, quien con sus órganos que asemejan brazos gira hacia la saliente sobre él. Deben visualizar esto como sigue: A la derecha está la depresión en la roca, y en ella está esta figura con alas completamente diferente de la figura que está sobre la roca. Las alas de la figura sobre la roca asemejan las de un águila, mientras la figura en la depresión tiene alas como de murciélago. Esta figura prácticamente se entierra a sí misma en la cueva, trabajando aprisionada, siempre ocupada en quebrantar el reino terrenal.

La figura del Cristo en el medio tiene su mano derecha dirigida hacia abajo y la izquierda hacia arriba. De nuevo, será una importante tarea artística el no mostrar al Cristo como tratando de aprisionar esta figura; en cambio, tiene infinita compasión por este ser, quien es Ahrimán. Ahrimán no puede soportar esta compasión y se retuerce con dolor ante lo que la mano del Cristo exuda. Este resplandor de la mano del Cristo causa que las venas doradas en la depresión de la roca se enrosquen alrededor del cuerpo de Ahrimán como fuertes cuerdas aprisionándole. Lo que sucede a Lucifer es su propia acción; lo mismo sucede con Ahrimán. Este concepto va a tomar forma como una escultura que será colocada en un lugar importante en el nuevo edificio.

...

Uno no adquiere la apropiada relación con Lucifer y Ahrimán diciendo, "¡Lucifer, huyo de ti! ¡Ahrimán, huyo de ti!" En cambio, todo aquello por lo que el hombre tiene que luchar como resultado del impulso Crístico debe ser visto de manera similar al estado de equilibrio de un péndulo. En el centro, el péndulo está en perfecto equilibrio, pero debe oscilar a un lado o al otro. Lo mismo se aplica al desarrollo del hombre aquí en la tierra. El hombre debe oscilar hacia un lado de acuerdo al principio Luciférico y hacia el otro de acuerdo al principio de Ahrimán, pero debe mantener su equilibrio a través de cultivar la declaración de Pablo, "No Yo, sino Cristo en mí". Para poder comprender al Cristo en Su quintaesencia, debemos concebirlo como una realidad, una fuerza en acción.

(Steiner, *Cristo en Relación a Lucifer y Ahrimán*, pp.1–5)

En otras conferencias, Rudolf Steiner pregunta: ¿Qué quieren hacer los seres Lucifércios? Quieren vaporizar la tierra, crear una neblina espesa, tóxica, en la que los seres humanos no puedan respirar más. Los seres Lucifércios quieren atraer hacia ellos las fuerzas de vida (etéricas) de los humanos para que la tierra se convierta meramente en un cascarón de su anterior existencia.

¿Qué quieren hacer los seres Ahrimánicos? Quisieran absorber a la humanidad en la tierra para que todos los seres humanos se fundiesen en una sola sustancia física calcificada. El cuerpo humano se haría esclerótico con alas como de murciélago, gradualmente endureciéndose hasta que la forma se convierta en tierra física.

Lo que tienen en común los seres Lucifércios y Ahrimánicos es que quieren destruir toda huella de la humanidad tal como existe hoy. (Steiner, *La Convivencia con el Ciclo del Año en Cuatro Inaginaciones Cósmicas*, pp.44–48)

La Antroposofía, en su forma más simple, es realmente un llamado a preservar y alimentar al ser humano. Sin el ser humano, la tierra como la conocemos moriría. Es entonces de la mayor importancia que todos busquemos formas colaborativas con las que podemos sobreponernos a las fuerzas opositoras que nos rodean hoy. Pues es en el trabajo conjunto, como en el contexto de la Sociedad Antroposófica, que podemos hacer una diferencia.

En la vida diaria de un maestro, las influencias de Lucifer y Ahrimán pueden ser experimentadas como contra-tendencias que apelan a una mayor consciencia. Por un lado, podemos fácilmente ser atraídos por grandes visiones de proyectos, producciones teatrales y eventos de toda la escuela que se convierten en un escenario para nuestras necesidades creativas. Lucifer busca desviar al maestro de lo ordinario y "escapar" en producciones gigantescas que sorprenderán a las personas enormemente.

La contra-influencia nos haría a todos replegarnos en nuestro yo pequeño, ver las limitaciones de toda idea, y sólo hacer lo que nos pagan por hacer. Aquí las limitantes de horarios, reuniones, presupuestos e instalaciones marcan la pauta. Antes de que una imaginación o propuesta acabe incluso de ser articulada, los pragmáticos hablarán con dando todo tipo de razones de por qué no puede ser realizada. Ahrimán gusta de mostrar como la tierra rige, y cómo una mentalidad de limitaciones atrapa al alma humana en una especie de parálisis.

Incluso en el proceso de preparación, un maestro puede sentir el "jalón" de las diferentes direcciones: las maravillosas ideas del verano cuando hay mucho tiempo para soñar despierto y planear, equilibradas con el fin de semana antes del inicio del ciclo cuando las horas restantes pueden ser contadas con los dedos de una mano y una buena idea después de otra son descartadas y reemplazadas por el "viejo y probado" plan de clases.

¿Cómo puede un maestro encontrar el equilibrio correcto? El camino de Cristo es uno de servicio, y cuando la preparación y decisiones escolares son realizadas pensando en el interés de los niños, siempre existe la posibilidad de un tercer camino, uno que es tanto imaginativo como práctico. Los maestros que trabajan juntos pueden equilibrar las tendencias competitivas y hacer un trabajo al servicio de los intereses de los estudiantes y que de ninguna manera sea un vehículo para satisfacer ambiciones personales.

La ambición es algo que tanto Lucifer como Ahrimán conocen bien, y pueden ser una astuta influencia. Uno puede seleccionar una profesión conocida por ser altruista, como la educación o la enfermería, y aun así sentir la tentación de la ambición asomarse en los recovecos ocultos de la profesión. Las personas quieren naturalmente hacerlo bien, ser exitosas. ¿Cuándo se cruza la línea hacia la ambición? Es necesario ser vigilantes de los motivos e intenciones para poder discernir el verdadero impulso detrás de una labor. Cuando uno regresa una y otra vez a "lo que es mejor para los niños", una corrección natural se establecerá, y lo que estaba desequilibrado podrá ser redimido a través del poder de sacrificio del corazón.

∞

Juicios

En la novena conferencia de *El Estudio del Hombre*, Rudolf Steiner habla de conclusiones, juicios y conceptos. Encuentro que muchos de los retos en nuestras escuelas y organizaciones surgen en parte por nuestras fallas para tomar estas indicaciones y aplicarlas por completo a la vida social. Sin malas intenciones, frecuentemente nos dormimos con nuestras conclusiones, formamos juicios a medias y cargamos con conceptos fijos sobre nuestros colegas, padres e incluso a veces los niños. In mi trabajo de consultoría he encontrado muchas instancias de asuntos organizacionales mayores que tienen sus raíces en asuntos básicos de los encuentros humanos.

Como sabemos a partir del texto mencionado, "la conclusión es saludable sólo cuando existe en una vida completamente consciente". (p.150) ¿Qué significa esto? Hacemos las conclusiones primero, y al hacerlo necesitamos estar completamente despiertos a la realidad completa de lo que estamos concluyendo. Sólo entonces nos movemos hacia un juicio, que puede comenzar como una experiencia "despierta" pero frecuentemente se filtra rápidamente hacia un estado de consciencia de semi-ensueño. ¡Es aquí que las cosas se ponen muy interesantes!, puesto que frecuentemente entramos y salimos de nuestros juicios tal como nos hundimos y salimos de nuestros sueños. Y a estos andares semi-sonámbulos que llamamos juicios acechan más de un lugar de trabajo como apariciones de hábitos.

Finalmente, llegamos a los conceptos, que se hunden justo en el alma durmiente y el cuerpo físico. Se hacen parte nuestra. Esto es en parte por lo que es tan difícil sobreponerse a algunos asuntos sociales como el anti-semitismo o el racismo – son juicios que se han hundido en las profundidades del ser y se han convertido en hábitos. Entonces tenemos que estar totalmente despiertos al inicio del proceso – la formación de conclusiones – conscientes de la naturaleza adictiva de los juicios, y saber que como maestros estamos influenciando los conceptos de los niños por años. Un buen maestro trata de contrarrestar las tendencias negativas a través de ofrecer continuamente a los niños conceptos vivos. ¿Cómo podemos hacer esto? A través de caracterizaciones en vez de definiciones: manteniendo los conceptos fluidos y aprendiendo a ver las cosas desde muchas perspectivas. ¡Esta es la verdadera educación!

Regresando al tema principal de este pequeño libro, uno de los muchos beneficios de la meditación es que uno puede trabajar para construir conclusiones, juicios y conceptos saludables. Particularmente en la enseñanza, donde tenemos una influencia formativa tal en las vidas de los jóvenes, debemos asegurarnos de mantenernos renovados y felices internamente. No hay nada peor que un maestro seco, apagado. La meditación y algunas de las sugerencias mencionadas en las páginas anteriores pueden ayudar al maestro a permanecer digno de los niños a su cuidado. Los niños necesitan maestros y padres que amen la vida, disfruten el proceso mutuo de descubrimiento, y puedan ver las múltiples facetas de las maravillas del mundo natural a nuestro alrededor. Para hacerlo, debemos ser más como niños nosotros mismos, abrirnos a lo inesperado, a veces incluso ingenuos y llenos de jubilosa espontaneidad. Meditar es encontrar la fuente de la juventud.

Juventud

Nuestra cultura hoy es adepta de exaltar las virtudes de la juventud: programas de fitness, series de T.V. mostrando jóvenes, portadas de revistas con belleza de aerógrafo, canciones que nos llevan de vuelta a la adolescencia, etc. Sin embargo en la mayoría de los casos, éste énfasis en la juventud se externaliza a cosas como la textura de la piel, la abundancia del cabello y las últimas tendencias de la moda en el vestir. Debido a que hay tan poca comprensión acerca de la fuente de la juventud, muchos están condenados a una amarga desilusión mientras el envejecer físico toma su inevitable curso. Las personas recurren con cada vez mayor frenesí a los cirujanos plásticos (los que pueden costearlos), o inventan un nuevo concepto de belleza que puede tener mas que ver con el carácter y el soporte interior.

Todas las fuentes externas de la cultura de hoy no pueden compararse con la verdadera fuente de la juventud que se encuentra en el alma humana. Si uno puede acceder al conocimiento del alma, como lo hace posible la Antroposofía, uno tiene la oportunidad de encontrar un recurso verdaderamente inagotable.

Es parte del viaje de *Encontrarte a Ti Mismo* que uno debe abrir los recovecos internos del alma. En ello uno encuentra un arcón de tesoros de pensamientos, sentimientos, actitudes y capacidades que trabajan de manera directa en el cuerpo físico. Conocí una persona notable, Marjorie Spock, quien incluso en sus noventas conducía aun su tractor escribía libros en una sencilla mesa en su cocina, y descubría cosas nuevas que la llenaban de entusiasmo. ¿Cómo era esto posible? Era una euritmista, una persona que por muchos años había practicado el arte del movimiento de la palabra y la música, una persona que trabajaba para expresar el alma en gestos físicos. Había permanecido joven interiormente.

Para el maestro, la fuente de la juventud es un ingrediente esencial. ¿Se puede enseñar química, historia, matemáticas con júbilo y entusiasmo, o se ha uno marchitado a los conceptos de las lecciones sólo para forzar a los niños a digerirlos? Sabemos que los niños aprenden mucho cuando el salón de clases se convierte en una aventura, cuando el maestro acompaña a los estudiantes en un proceso de mutuo descubrimiento. Yo sostengo que un maestro debe ser joven interiormente para que esto suceda.

¿Cómo podemos cultivar las fuerzas de la juventud y vitalidad? Existen varias posibilidades:

Fe

Rudolf Steiner indica que el alma se vigoriza a través de la Fe. (Steiner, *Faith, Love, Hope,* p.11) Al principio uno puede retroceder ante la noción de que la fe está pasada de moda, que es algo medieval. Pero si uno se detiene lo suficiente a vivir con este concepto, una notable observación puede ser hecha: En la fe, nos extendemos más allá de lo ordinario, nos elevamos a una consciencia superior. Una persona con fe en un estudiante, verá el potencial, mirará el horizonte. Esta capacidad del alma transforma el cuerpo astral, el espacio de las emociones comunes, en algo más refinado. Esta transformación trae consigo rejuvenecimiento.

Crea para ti mismo una nueva, indomable percepción de la fe. Lo que usualmente se llama fe pasa tan rápido. Permite que esta sea tu fe:

Experimentarás momentos… momentos efímeros… con el otro. El ser humano aparecerá frente a ti como si estuviese pleno, irradiado con el arquetipo de su espíritu.

Y luego, pueden haber… sin duda habrá otros momentos, largos periodos de tiempo en que los seres humanos estén oscurecidos. Pero aprenderás a decirte en esos tiempos: El Espíritu me hace fuerte. Recuerdo el arquetipo, lo vi una vez. Ninguna ilusión, ninguna decepción puede robármelo.

Siempre lucha por la imagen que viste una vez. Esta lucha es la fe. Si luchamos así por la fe, estaremos cerca los unos de los otros, como si fuésemos dotados de los poderes protectores de los ángeles.

(Steiner, *Faithfulness Meditation*)

Amor

Un egoísta es incapaz de realmente amar y puede secarse, consumiéndose. Pero donde hay amor, nacen nuevas fuerzas de vida. Es casi imposible ser maestro sin amar a los niños y estudiantes a tu cuidado. Recientemente, mi hijo menor Ionas participó en una ceremonia de nombramiento de caballeros en el sexto grado. El evento sucedió en una pequeña capilla en el cementerio en Keene, New Hampshire. Todos los estudiantes habían tallado sus propias llaves de madera, que colgaban de sus cuellos con las palabras: "Esta llave, hecha por vuestras propias manos, os recordará que ninguna puerta debe jamás ponerse en tu camino. Portadla cerca de vuestro corazón". Y habían hecho espadas de madera con las que fueron nombrados caballeros por el Señor y la Señora: "En el nombre de Micael, San Jorge, y el Señor de todos…". Fue una ceremonia conmovedora para esos jóvenes niños y niñas que alcanzaban la adolescencia. Pero lo que más me movió fueron las palabras del maestro de grupo para cada niño. Lo que se dijo a cada niño había sido hecho por sus compañeros, pero era dicho por el maestro en la mayor gratitud y amor. ¡He aquí un ser humano que amaba verdaderamente a su grupo! Qué regalo para la humanidad.

Sabemos por Rudolf Steiner que el amor revigoriza el cuerpo etérico, el cuerpo de vida. Nuevas fuerzas de juventud son creadas a través de nuestros actos de amor.

Esperanza

Siempre ha sido un misterio para mí que la esperanza esté asociada con vitalizar el cuerpo físico. ¿Cómo puede ser esto? ¿No es el cuerpo físico que cargamos con nosotros el más denso, menos propenso a cambiar?

Pero cuando comencé a recolectar los tiempos en que la esperanza me ha salvado: la espera para que la sanación ocurriera después de la operación del ojo de Thomas a los dos años (representada en el capítulo 4 de *School as a Journey*); conducir a través de una zona de guerra en Katmandú y luego ver a los enfermos de lepra trabajar en un taller artesanal inspirado en Waldorf; o caminar por una playa en Dinamarca buscando a la persona que estaba seguro sería mi compañera de vida (¡sólo para encontrar a mi futura esposa danesa de vuelta a casa en New Hampshire!). Estos momentos preñados de esperanza tenían que ver con los fenómenos Uhr, anhelos profundos del alma. Eran impulsos de voluntad que podían mover mundos (Archai). La esperanza es como un gigante –tarda en despertar pero es muy poderoso. Y como un gigante en el mundo del alma, puede mover cada fibra de nuestro cuerpo. La esperanza conlleva vida.

Así, en la búsqueda del Yo, urjo al maestro aspirante (todos somos aspirantes) a practicar el cultivo de la fe, amor y esperanza. En realidad, uno necesita una dosis inusual de fe sólo para entrar a la profesión de maestro en estos días. El amor es necesario en todas nuestras interacciones con estudiantes, colegas y padres. Y necesitamos tener permanente esperanza en el futuro de la humanidad para seguir adelante. Nuestro verdadero éxito no será medido por las calificaciones o títulos universitarios, sino por la clase de personas que enviemos al mundo. Necesitamos líderes valientes que se conozcan a sí mismos y tengan la confianza, imaginación y el coraje para hacer lo que sea necesario. Los maestros hoy servimos a esos ideales. Que el mundo responda con gratitud.

∞

Nota: en el Apéndice a continuación se encuentra un ensayo escrito por Karl König acerca de la esperanza, el corazón humano y el *Calendario del Alma*. Se incluye ya que estos temas se presentan en este pequeño libro; y entreteje una variedad de ideas de manera maravillosa.

Apéndice

Extractos del *Calendario del Alma: un comentario* por Karl König[1]
[Versos en Alemán de una edición de 1977[2]]

EL FRUTO DE LA ESPERANZA DEL CIELO MISMO

En la escena 5 del segundo Drama Misterio de Rudolf Steiner, La Prueba del Alma, Frau Balde le dice al Profesor Capesius, que se encuentra en la encrucijada de su vida, sobre un niño, el hijo único de unos pobres guardabosques, que incluso en la infancia tenía el don de la visión extrasensorial. Fue testigo de 'la maravilla de la primavera', donde tres mujeres aparecieron, formando un brillante cáliz de la brisa de un arroyo de la montaña y lo llenaron con la luz plateada de la luna.

Más tarde, tres veces trescientas sesenta semanas después, cuando el niño era ya un hombre, las mujeres se le aparecieron de nuevo. Esta vez no sólo las miró, sino que le hablaron; la primera, del viento de la esperanza en la vida; la segunda, de la fortaleza de la fe en la vida; y la tercera, de los rayos del amor en la vida. Pusieron ante sus ojos las tres virtudes Cristianas de las que habló Pablo en su himno al amor (1Cor. 13:13): 'Y ahora permanecen la fe, la esperanza y el amor, estos tres...'

Aquí consideramos sólo la esperanza y deberemos reflexionar en las palabras de la primera mujer, quien dijo:

> Piensa en mí en cada momento
> En que te sientas solo en la vida.
> Yo llevo el ojo del alma del hombre
> A las distancias etéricas y la expansión de las estrellas.
> Ya todo el que me perciba
> Le ofrezco el viento de la esperanza de la vida
> De mi propio cáliz maravilloso.

> Gedenke meiner jeder Zeit,
> Wenn einsam du dich fühlst im Leben.
> Ich lock' des Menschen Seelenblick
> In Aetherfernen und in Sternenweiten.
> Und wer mich fühlen will
> Dem reiche ich den Lebenshoffnungstrank
> Aus meinem Wunderbecher.

Esta imagen pone frente a nosotros la situación del hombre moderno. Atrapado en una extraña ciudad y cansado del trabajo del día, se pregunta lo que la vida puede ofrecerle y se le muestra su ser superior. Si en su soledad y desamparo, el hombre levanta sus ojos a 'las distancias etéricas y la expansión de las estrellas', será capaz de tomar parte del 'viento de la esperanza de la vida'. En estas palabras se ocultan acertijos profundos.

Algunos teólogos y filósofos modernos han comenzado de nuevo a ponderar el enigma de la esperanza. Aunque utilizamos la palabra casi a diario; su verdadero significado se ha casi desvanecido de nuestra mente. Si, de una u otra forma, vive en las acciones y luchas de los individuos, las personas y los grupos. ¿Quién puede hoy decir lo que la esperanza es realmente?

Paul Schütz, un teólogo Protestante, ha escrito un largo libro exclusivamente sobre la esperanza.[3] El importante filósofo Católico, Josef Pieper, ha recolectado y comentado los muchos pensamientos de Tomás de Aquino acerca de la esperanza.[4] Y el filósofo, Ernst Bloch, ha escrito sobre la esperanza como el principio básico del Comunismo.[5]

Estos libros son significativos de nuestros tiempos porque sus dueños auguran que, en estado de desesperanza, el hombre pierde su verdadera humanidad. Ambos, Schütz y Pieper, describen a la esperanza como una actitud otorgada al hombre para acompañarle en su viaje en la tierra. Schütz, el Protestante, escribió:

La esperanza no es un esfuerzo extenuante del ser. Eso no significa que no debamos orar por ella, o estar listos para ella, o anhelarla. Es un modo de ser. No hay esperanza Cristiana sin el poder de la resistencia, o el permanecer firme contra todo lo razonable. No existe esperanza sin la 'virtud de Dios en la historia' denominada paciencia. Es esta virtud de la paciencia la que prueba que la esperanza no es un acto de voluntad sino un modo de ser.[6]

Podríamos buscar en vano en los libros de psicología cualquier discusión acerca de la esperanza: Pues tal como no es un acto de voluntad, tampoco es un sentimiento o una percepción. La conocemos muy bien pero no podemos decir lo que es; y ¿de qué ayuda cuando es descrita por Schütz como un 'modo de ser'? ¿Qué había en el interior de Job que le hizo decir (13:15 NIV): 'Aunque Él me mate, en Él esperaré'? O en el Salmista cuando canta (Ps. 40:3 Douay-Rheims): 'Verán esto muchos, y temerán, y confiarán en Jehová'?

El filósofo Católico, Pieper, piensa diferente:

La esperanza y el amor se cuentan entre las expresiones básicas y simples de todo lo que es vivo. ...En la esperanza el hombre, con corazón intranquilo, lucha hacia adelante, con una expectativa confiada y suficiente, hacia el *bonum arduum futurum*; hacia el 'aun no' de la satisfacción de lo natural y lo supernatural.[7]

Aquí también se habla de la esperanza como si fuese un *viaticum* para este viaje terrenal, otorgado sólo al hombre de entre todas las criaturas vivientes. Existe un dicho antiguo Judío que dice que todas las criaturas fueron creadas completas, excepto el hombre, a quien la esperanza es dada. La expectativa de salvación de todas las criaturas no es la esperanza; toda expectativa es meramente una condición en la que la esperanza puede surgir. El peregrino del viaje de la vida no debe esperar sólo en la expectativa; debe tener esperanza para el final camino y para la salvación final a la luz de la eternidad.

Pablo dice muy claramente:

> Porque sabemos que toda la creación gime a una, y a una está con dolores de parto hasta ahora; y no sólo ella, sino que también nosotros mismos, que tenemos las primicias del Espíritu, nosotros también gemimos dentro de nosotros mismos, esperando la adopción, la redención de nuestro cuerpo. Porque en esperanza fuimos salvos; pero la esperanza que se ve, no es esperanza; porque lo que alguno ve, ¿a qué esperarlo? Pero si esperamos lo que no vemos, con paciencia lo aguardamos. (Rom 8:22–25 RSV)

La esperanza se dirige a algo que no está aun visible. Pero sabemos que está ahí y nos espera. Otras criaturas, en anhelo sordo y sin sentido, esperan por aquello que permea en nosotros como presentimiento de algo por lo cual luchar, un camino. Así, Pieper cita de los sermones de Tomás de Aquino: 'Hasta ahora no vemos lo que esperamos; pero somos el cuerpo de esa cabeza, en la que aquello en que tenemos esperanza ya ha sido satisfecho.' Pieper agrega: 'La esperanza para nosotros es la esperanza en Cristo, en quien aquello que es nuestra esperanza ya ha sido realizado.'[8]

¿Pero qué es algo que aguardamos, con esperanza de ello como de algo prometido, y siempre renovando nuestra esperanza? Y ¿por qué es que sólo la esperanza, a la que no podemos ver o siquiera atisbar, nos puede llevar a aquello que se nos ha prometido? Con estos cuestionamientos en mente volvemos al Calendario.

La palabra 'esperanza' ocurre cuatro veces en los 52 versos del Calendario. No se menciona en la mitad del año del verano, entre Pascua y San Miguel. Aparece, sin embargo, inmediatamente después del comienzo del otoño, y luego en dos versos sucesivos, el 28 y 29. Nada se dice entonces al respecto hasta que reaparece como elemento central, completamente desarrollado, en el verso de Navidad (38) como "el fruto celestial de la esperanza". Una asociación primaria se establece entonces entre los meses de otoño e invierno y la esencia de la esperanza: No despierta en el alma humana hasta que el mundo exterior se hace oscuro y otoñal.

Una señal de la conexión entre la esperanza en las profundidades del alma y la oscuridad exterior también se oculta en los dos versos que complementan al 28 y 29, es decir el 24 y 25, que hablan de la 'oscuridad del alma' y las 'tinieblas del espacio y tiempo':

24 Creándose incesantemente a sí mismo,
    El existir del alma se concientiza de sí mismo.
    El espíritu del mundo prosigue aspirando,
    De nuevo animado en autoconocimiento,
    Y crea de la oscuridad del alma
    El fruto de la voluntad del sentirse a sí mismo.

    Sich selbst erschaffend stets,
    Wird Seelensein sich selbst gewahr;
    Der Weltengeist, er strebet fort
    In Selbsterkenntnis neu belebt
    Und schafft aus Seelenfinsternis
    Des Selbstsinns Willensfrucht.

25 Puedo ahora pertenecerme a mí mismo,
    Y resplandeciendo propagar luz interior
    En tinieblas del espacio y del tiempo.
    Hacia el sueño pugna el ser natural,
    Las profundidades del alma deben velar,
    Y velando llevar lumbre solar
    A fríos raudales del invierno.

    Ich darf nun mir gehören
    Und leuchtend breiten Innenlicht
    In Raumes- und in Zeitenfinsternis.
    Zum Schlafe drängt natürlich Wesen,

Der Seele Tiefen sollen wachen
Und wachend tragen Sonnengluten
In kalte Winterfluten.

Aquí tenemos una referencia a la estación otoñal que se aproxima. El alma es urgida a retirarse dentro de sí y a prestar atención al secreto trabajo en su ser interior. El ser del alma se vuelve auto-consciente y, de la oscuridad que prevalece, crea de 'el sentido de sí' el 'fruto de la voluntad'. De ahí que el ser del hombre 'ahora pertenecerme a sí mismo' puede propagar su 'luz interior en tinieblas del espacio y del tiempo'.

Los dos versos siguientes nos llevan más allá del verano hacia el otoño. Inicia la época de Micael; el aspecto bipartita de Micael aparece en los versos 26 y 27: la poderosa forma imbuida de voluntad portando la espada, y la gentil mirada llamando al hombre a reconocerse a sí mismo. Cuando estas dos semanas terminan, es ya otoño dentro y fuera. La imagen del verso 28 complementa la descripción del verso 25:

28 Puedo, de nuevo vivificado en mi interior,
     Sentir la amplitud del propio ser,
     Y lleno de fuerza donar dilucidando,
     Desde el poderío solar del alma,
     Pensamientos radiantes a los enigmas de la vida,
     Dar cumplimiento a uno y otro deseo,
     Que la esperanza ya las alas paralizaba

     Ich kann im Innern neu belebt,
     Erfühlen eignen Wesens Weiten,
     Und krafterfüllt, Gedankenstrahlen
     Aus Seelensonnenmacht
     Den Lebensträtseln lösend spenden,
     Erfüllung manchem Wunsche leihen,
     Dem Hoffnung schon die Schwingen lähmte.

Un sentido de espíritu triunfante brilla a través de estas líneas. Los 'impulsos del espíritu, templados por el fiero poder de la voluntad', han comenzado a estar activos y son transformados en la 'potencia solar del alma.' Esto derrama su luz en los oscuros deseos, cuyas alas se habían marchitado pues la esperanza amenazaba fallar. La oscuridad del alma había durado demasiado, pero ahora los rayos del pensamiento alumbran la oscuridad de muchos de los acertijos del alma y despiertan la esperanza a renovada actividad. La visión del hombre es dirigida hacia 'las distancias etéricas y la expansión de las estrellas'. Esto se revela con claridad en el verso 29:

29 Atizar en el interior a sí mismo,
    Vigorosamente la luminosidad del pensar,
    Interpretando lo vivido lleno de sentido
    Desde la fuente de fuerzas del espíritu universal,
    Es para mí ahora herencia del verano,
    Es quietud otoñal y también esperanza invernal.

    Sich selbst des Denkens Leuchten
    Im Innern kraftvoll zu entfachen,
    Erlebtes sinnvoll deutend
    Aus Weltengeistes Kräftequell,
    Ist mir nun Sommererbe
    Ist Herbstesruhe und auch Winterhoffnung.

En las imágenes de estos versos, reaparecen para nosotros las formas de cuento de hadas de la 'maravilla de la primavera'. Las tres mujeres del agua comienzan a aparecer. La herencia del verano brinda 'la fuerza de la fe en la vida'; la calma del otoño da 'los rayos del amor de la vida'; y la esperanza del invierno nos ofrece 'el bosquejo de la esperanza de la vida'. Pasado, presente y futuro se extienden frente a nosotros. Si despertamos en nosotros mismos la esperanza del invierno, aparecerá como una forma joven, tal vez asemejándose a la juventud en oración que conocemos de Grecia.

Pieper ha traído la atención a ésta relación entre esperanza y juventud:

La juventud y la esperanza se relacionan de más de una manera; las dos van juntas en las esferas naturales y supernaturales. La figura de la juventud simboliza eternamente esperanza... La esperanza natural tiene su origen en el joven vigor de un hombre y muere con él.[9]

Después cita al *Summa* de Tomás de Aquino: 'Ser joven es la fuente de esperanza, pues la juventud tiene mucho futuro frente a ella y poco pasado detrás suyo.'

Comenzamos ahora a vislumbrar un proceso que aparece ante nosotros como la revelación de un secreto en los versos 28 y 29. La juventud de la esperanza, que durante el verano ha envejecido, ha sido renovada a través de la aparición dentro del alma del poder de despertar de la luz del pensamiento, y entra en ella como nueva vida. Ahora la oscuridad exterior puede asentarse; pero en el ser interior del hombre la luz ha comenzado a brillar y la esperanza despierta de nuevo en toda su juventud:

30 Gozoso puedo sentir
    El despertar espiritual del otoño:
    El invierno va a despertar en mí
    El verano del alma.

En las siguiente semanas es librada la batalla entre el endurecimiento de la tierra y la luz en el alma llena de esperanza. El alma no obtiene su victoria sino hasta el Adviento; pues sólo entonces la semilla del verano de la semilla de 'el verbo del mundo, en germen concebido' en la Marea de San Juan lucha para surgir. En los versos 36 y 37 esta canción Navideña de júbilo puede ser escuchara, más claramente que nunca, anunciando el nacimiento de Cristo:

36　En las profundidades de mi ser habla,
　　Impulsando hacia la manifestación
　　Enigmáticamente el verbo del mundo.

Y en el siguiente verso:

37　Llevar luz espiritual a la noche cósmica invernal,
　　Aspira dichoso el impulso de mi corazón.

Luego, en la quietud de la espera de la Navidad a la Epifanía, el canto de júbilo, el *Jubilate*, se eleva, como un violín sólo acompañando al soprano de la voz humana; el alma del hombre canta el eterno himno de su nuevo nacimiento:

38　Siento como liberado del hechizo,
　　Al Niño del Espíritu en el seno del alma:
　　Él ha con claridad de corazón
　　Procreado el sagrado verbo del mundo;
　　El fruto celestial de la esperanza,
　　Que jubilosamente crece en las lejanías del mundo
　　Desde el fondo divino de mi ser.

　　Ich fühle wie entzaubert
　　Das Geisteskind im Seelenschoss;
　　Es hat in Herzenshelligkeit
　　Gezeugt das heilige Weltenwort
　　Der Hoffnung Himmelsfrucht,
　　Die jubelnd wächst in Weltenfernen
　　Aus meines Wesens Gottesgrund.

Ahora el joven ser de la esperanza del invierno encuentra su verdadera consumación. Se ha convertido en 'el Niño del Espíritu en el seno del alma', y 'con claridad de corazón' ha liberado desde sí 'el fruto celestial', 'el sagrado verbo del mundo'. Esto ahora crece hacia lejanas distancias cósmicas, contando acerca del hombre que ha rendido su esperanza para que la Navidad y el nacimiento del Niño puedan suceder.

En el ser interior del hombre la figura de la esperanza aún mantiene su lugar. El niño-espíritu ha completado su trabajo anual. Gradualmente se pierde a sí mismo en los hechos y sufrimientos del alma, que ahora, por sí misma, debe mantener el fuego del ahora despierto verbo del mundo; el 'calor del corazón' y el 'fuego del alma' llenan el siempre creciente rigor del mundo como el brillo de un fuego sanador. La esperanza reúne calor del brillo y mantiene su ser y actividad hasta la Pasión; entonces da la bienvenida a la luz que se aproxima:

49 Siento la fuerza de la existencia del mundo:
     Así habla la claridad del pensar,
     Recordando el propio crecer espiritual
     En oscuras noches cósmicas,
     Y se inclinan al cercano día del mundo
     De mi interior los rayos de esperanza.

'Ich fühle Kraft des Weltenseins,'
So spricht Gedankenklarheit,
Gedenkend eignen Geistes Wachsen
In finstern Weltennächten,
Und neigt dem nahen Weltentage
Des Innern Hoffnungsstrahlen.

El poder, que despertó a la esperanza ya cansada al inicio del otoño, esta luz del pensar, estos rayos de pensamiento de la luz solar en el alma – este mismo poder ahora envía los últimos rayos de esperanza para encontrar la venida del día del mundo. Afuera, se acerca la mañana; adentro, en el alma, llega la noche. El día de la esperanza invernal se desvanece con el amanecer del sol naciente.

Ahora la esperanza se retrae y regresa de nuevo a las profundidades del ser del hombre para esperar hasta que, con el siguiente otoño, sea llamada a levantarse al mundo superior de la consciencia. Los versos revelan un inhalar y exhalar del poder de la esperanza: Un evento estrechamente conectado al curso del sol parece ser indicado. ¿Qué dirección, entonces, deben tomar nuestras preguntas?

3

El destino de Perséfone es experimentado a la inversa por la esperanza en el alma del hombre. En la primavera y verano es alejado a las profundidades del subconsciente, hasta que, al inicio del otoño, es llamado para ser una vaina para el verbo del mundo, que habrá de nacer en Navidad, 'el fruto celestial de la esperanza'. Perséfone, hija de Deméter, era, para los griegos, una figura muy especial. Los antiguos griegos, dice Rudolf Steiner, 'admiraban a la diosa, que como regente de la antigua clarividencia era un elemento de naturaleza humana, y le llamaron Perséfone'.[10]

En un tiempo entonces, la esperanza puede bien haber sido una facultad más fuerte y poderosa de lo que nos parece ahora. Tal como Perséfone fue alejada por el intelecto en desarrollo a las profundidades del bajo mundo, la esperanza se ha alejado al mundo del inconsciente y ahí vive escondida.

En la conferencia citada, Rudolf Steiner hace una referencia casi casual al alguna vez todo-abarcador poder de la esperanza:

> Veremos cómo Deméter rige el más poderoso milagro de la Naturaleza, una forma primitiva del pensamiento, sentimiento y voluntad humanos, de quien Perséfone es la verdadera descendiente. Deméter señala al pasado cuando, por así decirlo, el cerebro humano no estaba disociado de la actividad general de la vida corporal, cuando la alimentación por la comida –desde afuera-, y el pensamiento con el cerebro no eran aún funciones separadas. Los hombres aún sentían cómo los pensamientos estaba activos afuera de sí mismos: Cuando la semilla crecía enérgicamente en los campos, la esperanza realmente se esparcía en ellos, permeando todas las maravillosas creaciones de la naturaleza, como el canto de la alondra.

Podemos entonces decir que hubo un tiempo en que la esperanza estaba activa en el mundo externo, en el entretejido y crecimiento de la naturaleza, penetrando, como el canto de la alondra, las semillas mientras crecían y esparciéndose en sí hacia afuera a las distancias etéricas y las alturas estrelladas: Sólo en el otoño se retiraba hacia dentro del alma. Hoy la esperanza no puede hacer más que dirigir la mirada del hombre hacia esas alturas y distancias; pero si el hombre voltea so mirada hacia allá, recibirá el aliento de 'la esperanza de la vida'.

Philia, Astrid y Luna, las figuras que aparecen en los Dramas Misterio, pueden ser vistas como los vehículos, en una nueva forma, de la fe, esperanza y amor. Ellas guían de nuevo hacia arriba lo que antes cayó con Perséfone y la antigua clarividencia. Rudolf Steiner dice de hecho esto, sólo que en insinuaciones veladas:

> Debe haber una conexión dentro de nuestras almas entre flujos que nos dan una indicación del origen del hombre, Deméter y Eros, con Perséfone poniéndose en medio de ellos, y por el otro lado un ser flotando vagamente en el fondo sin una forma aun definida, una suerte de consciencia espiritual, que resuena de lo indefinido y no puede

aún aparecer en escena más que como una 'voz en off'. Se encuentra en las figuras de Luna, Philia y Astrid, que son en realidad las hijas de Deméter.[11]

Estas palabras dan un indicio de lo que tiene lugar en el segundo Drama Misterio, entonces (1911) escenificándose en Munich. La 'voz en off' es aquella de la consciencia espíritu, que se escucha detrás del escenario. Philia, Astrid y Luna son 'los seres espirituales que median la unión de los poderes del alma del hombre con el cosmos.' En la historia de Frau Valde, son las formas de las mujeres que aparecen donde el agua brota de la roca.

En la escena 13 de *La Prueba del Alma*, estos tres seres se manifiestan y revelan su actividad de la siguiente manera:

PHILIA: Me llenaré con el poder de la fe de la luz.
ASTRID: Enfocaré los rayos de la esperanza.
LUNA: Brindaré calor a la luz del alma, y estabilidad al poder del amor.

Aquí una vez más las tres virtudes Paulinas hacen aparición. Son quienes median la conexión del alma humana con el cosmos. La esperanza es una de ellas; como Perséfone ha sido abrumada por otras fuerzas y ha tenido que retraerse a la oscuridad del alma. Debe esperar hasta que el Yo, su hermano Dionisio, despierte a la luz de nuevo y se una con ella. Después, como Édouard Schuré escribió, él dice: 'Desde el inicio del mundo te pertenezco'; y ella responde: 'Hasta el fin del mundo somos uno'.[12]

Sin embargo esto solo es un enfoque tentativo al descubrimiento de lo que la esperanza es realmente, con imágenes que aparecen e insinuaciones vagamente discernidas. De hecho la esperanza, aunque impregna a todo el ser del hombre, es aun, casi mas que cualquier otra cosa, inaccesible a la comprensión ordinaria. Todos esperamos; esperamos porque vivimos; y podemos vivir sólo mientras esperemos: Cualquiera que caiga en la desesperación sin esperanza buscará sólo un fin – la muerte.

Debemos al poder de la esperanza que cada mañana iniciamos nuestra vida de nuevo. Es también por el poder de la esperanza que podemos superar la duda y la desesperación cuando nos atrapan. La espranza está activa en nosotros, nos permea, nos penetra y nos mantiene en el ser. Es mucho más que una mera 'virtud teológica'. Es una fuerza poderosa, a la que tenemos acceso sólo en forma de virtud.

Pero cuando la esperanza aparece así, es sólo la punta de un iceberg. Sus profundidades están ocultas en el pasado en los sedimentos del mundo, que sólo se revelaran gradualmente al hombre. Uno de los versos gnómicos de Rudolf Steiner es:

En la cabeza, el poder de la fe,
En el corazón la fortaleza del corazón,
En el hombre completo, fuerte esperanza
Porta y mantiene nuestra vida.[13]

El hombre completo está impregnado de esperanza, que sólo se mostrará cuando reconozcamos el todo abarcador significado de la palabra.

4

IEn 1911 Rudolf Steiner dio una serie completa de conferencias sobre los poderes fundamentales de las tres virtudes: fe, amor y esperanza. Para adivinar cuán profundamente estas virtudes están incorporadas en la existencia humana llama a un cuidadoso estudio. El amor puede ser el más grande de los tres, pero la esperanza es la más antigua. Antes de que el amor y la fe existieran, la esperanza sentó los fundamentos de todo lo que puede existir. El mundo todo está fundado en la esperanza; en ella descansa toda nuestra existencia. En una de las conferencias leemos:

> En el antiguo Saturno la semilla del cuerpo físico del hombre fue sembrada: ¿Qué significa esto? Fue sembrada en el elemento en que el hombre debía subsistir. Desde este punto de vista, el cuerpo humano puede ser llamado el cuerpo de la esperanza. La cualidad especial del cuerpo físico es su densidad. Cuando las olas de la vida del alma laten continuamente en el cuerpo humano, penetrándole más y más profundamente, se llena de esperanza, con la seguridad de que de ella algo se desarrollará que durará para siempre, que es indestructible.[14]

Así, nuestra parte más antigua, el inicio de nuestra existencia corpórea, nuestro cuerpo físico, está fundado en la esperanza. Como una fuerza todo poderosa, permea nuestro organismo físico desde el inicio. Rudolf Steiner dijo en otra ocasión:

> Sólo comprendemos el verdadero significado de nuestro cuerpo físico cuando sabemos que, en realidad, no está sostenido por fuerzas físicas externas de atracción y repulsión –esa es una idea materialista- sino por lo que, de acuerdo a nuestros conceptos, conocemos como las fuerzas de la esperanza. Nuestro cuerpo físico se constituye de esperanza, no de fuerza de atracción y repulsión.[15]

La densidad del cuerpo físico, que le hace ser lo que es hoy, le es dada a través de las fuerzas anímicas de la esperanza. Al inicio de la evolución del mundo, la esperanza irradió en el y fue transformada en las diversas etapas de la evolución: Saturno, Sol, Luna y Tierra, para que hoy, cuando se ha convertido en una cualidad interna del alma humana, está camino a convertirse en una de las tres virtudes Cristianas. En la conferencia antes citada, Rudolf Steiner hace referencia claramente a esta cualidad exhaustiva del alma:

> Las fuerzas que necesitamos enfáticamente como fuerzas que dan vida son aquellas de la esperanza, de la confianza en el futuro. En lo que al mundo concierne, las personas no pueden dar un solo paso en la vida sin la esperanza. …Es precisamente en la vida física que necesitamos de la esperanza, pues todo se sostiene por la esperanza y sin ella nada puede ser hecho.

Comentarios como éste abren un completamente nuevo aspecto de la futura comprensión de la esperanza. Alguna vez fue una de las fuerzas básicas desde las cuales el cuerpo físico fue creado. La esperanza le dio solidez y su postura erguida; de ella nació la confianza en el futuro; en ella se fundó la ley de su ser. Esto fue logrado en el Antiguo Saturno.

La fuerza del amor produjo el cuerpo etérico durante la existencia Solar, y el poder de la fe creo al cuerpo astral en la existencia Lunar. Estas tres fuerzas fueron capaces por su actividad de formar tres velos o capas para el Yo humano:

> Se puede decir que el núcleo más interior de nuestro ser está cubierto por nuestro cuerpo de fe o cuerpo astral, nuestro cuerpo de amor o cuerpo etérico, y nuestro cuerpo de esperanza o cuerpo físico.

Estas fuerzas básicas – fe, amor y esperanza – penetran profundamente en los procesos de evolución y crecimiento del mundo. Hoy nos son accesibles sólo como experiencias y percepciones del alma, aunque nuestro ser completo está imbuido y permeado por ellas: todo lo que está firme en nosotros por la esperanza, lo que está en proceso de existir por el amor, los sentimientos por la fe. El núcleo central de nuestro ser conoce estas tres fuerzas – fe, amor y esperanza – y se reconoce en ellos. En la profundidad del invierno, cuando la tierra física está sin vida y la densidad de las piedras es la experiencia predominante, entonces afuera la luz se difumina y el frío hace todo duro y rígido. Entonces, desde su todo penetrante rigidez, 'el fruto celestial de la esperanza' nace (verso 38).

Tal como surge de la piedra la chispa y enciende la madera seca, de la oscuridad nace la joven fuerza de la esperanza y entrega, recién adquirido el bendecido 'verbo del mundo', que entonces se convierte en 'el inicio de la nueva creación' y 'las jóvenes fuerzas de la mañana.'

Así, cada año en Navidad, la esperanza encuentra su más elevada realización. Aparece en esl ser interior del hombre como el niño del espíritu; trae consigo el verbo del mundo; y de ahí fluye la más fina satisfacción de toda la esperanza humana, el siempre creciente conocimiento de la reencarnación y karma. Tal conocimiento en sí trae consigo 'satisfacción a las fuerzas de la esperanza en el alma humana; ofrece algo que perdura y nos guía hacia el futuro.'[16]

El futuro de la humanidad puede ser asegurado solamente por el conocimiento de la reencarnación y karma: Aquí la esperanza siente su justa satisfacción. Y en el décimo segundo artículo del credo de la Comunidad Cristiana, esto se afirma: 'Las comunidades cuyos miembros sienten al Cristo dentro de sí pueden tener esperanza en superar la enfermedad del pecado, la continuación el ser del hombre y la preservación de su vida, destinada a la eternidad.'

Así el solsticio de invierno deviene en el festival de la eterna renovación del fin destinado a la raza humana. El corazón late entonces con mayor fuerza y claridad, ya que en el nacimiento del niño espíritu puede ver su esperanza satisfecha y puede gritar con gozo: '¿No es mía la eternidad toda?' Cuando Lessing escribió estas palabras al final de su famoso ensayo, dio a la fuerza de la esperanza so más fina expresión.[17]

Goethe dedicó la última estrofa de su poema filosófico, 'Urworte, Orphisch' a la esperanza: En el adivina el desvanecimiento y aprisionamiento de la esperanza, que sin embargo se libera a sí misma de su encantamiento:

Pero esas lindes, esos férreos muros,
Ese portón odioso al fin se abre,
Aunque siga tan firme cual la roca.
Hay un ser que se mueve leve, ingrávido,
Y de entre nubes, brumas y chubascos,
En sus alas nos lleva hacia la altura.
Harto lo conocéis, que está doquiera;
Un aletazo..., atrás quedan eones.

Doch solcher Grenze, solcher eh'rnen Mauer,
Höchst widerwärtge Pforte wird entriegelt,
Sie stehe nur mit alter Felsendauer!
Ein Wesen regt sich leicht und ungezügelt:
Aus Wolkendecke, Nebel, Regenschauer
Erhebt sie uns, mit ihr, durch sie beflügelt.
Ihr kennt sie wohl, sie schwärmt durch alle Zonen.
Ein Flügelschlag—und hinter uns Äonen!

En el ensayo sobre la palabra 'presentimiento', se hizo un intento por demostrar cuán cercanamente el significado de una sola palabra depende de su aparición en las diferentes estaciones del año y cómo el pasaje de una palabra tal a través de los 52 versos puede ayudar hacia una comprensión de la interdependencia de naturaleza y alma. La estructura del Calendario es extraordinariamente artística y es desarrollada con precisión espiritual.

Muchas otras palabras revelan secretos abiertos semejantes – olvidar y recordar, buscar y encontrar, lograr y perseverar, belleza, y oscuridad del alma. Un grupo completo de palabras puede ser enumerado para reflejar algún hilo de pensamiento en particular, entretejido entre el múltiple e infinitamente hermoso patrón del Calendario.

Una palabra en particular, que se encuentra en los versos de invierno y Navidad será considerada a continuación. Lo significativo al respecto es que no se encuentra en los versos de primavera, verano y otoño, sino únicamente en aquellos para el invierno. La palabra denota algo que está activo a lo largo de la totalidad de cada año de nuestras vidas; sin embargo Rudolf Steiner la encontró apropiada para ser utilizada únicamente en ls versos para Navidad e invierno: Es la pequeña pero exhaustiva palabra, 'corazón'.

No se le encuentra en ninguna parte entre la Pascua y el invierno temprano, sólo aparece por vez primera en el verso para el tercer Domingo de Adviento:

37 Llevar luz espiritual a la noche cósmica invernal,
    Aspira dichoso el impulso de mi corazón

Después la palabra aparece verso tras verso con los más variados matices de significado y contexto. Ocurre siete veces en total, cada vez revelando un nuevo aspecto de su ser y una imagen inesperada de su actividad y vida.

En el verso para Navidad, escuchamos la música sagrada de su ser más interior, una suerte de *Gloria in Excelsis*:

38 Siento como liberado del hechizo,
    Al Niño del Espíritu en el seno del alma:
    Él ha con claridad de corazón
    Procreado el sagrado verbo del mundo,
    El fruto celestial de la esperanza,
    Que jubilosamente crece en las lejanías del mundo
    Desde el fondo divino de mi ser.

Ich fühle wie entzaubert
Das Geisteskind im Seelenschoss;
Es hat in Herzenshelligkeit
Gezeugt das heilige Weltenwort
Der Hoffnung Himmelsfrucht,
Die jubelnd wächst in Weltenfernen
Aus meines Wesens Gottesgrund.

No aparece en el verso siguiente, donde otra palabra toma su lugar. Ocurre de nuevo, sin embargo, en el verso 40:

40 Y estando en las profundidades del espíritu,
Se llena, de mundos de amor del corazón,
De mis peculiaridades la vana ilusión,
El fondo de mi alma
Con la fuerza ígnea de la palabra del mundo.

Und bin ich in den Geistestiefen,
Erfüllt in meinen Seelengründen
Aus Herzens Liebewelten
Der Eigenheiten leerer Wahn
Sich mit des Weltenwortes Feuerkraft.

El siguiente verso incluye también la palabra, una nueva revelación a su exhaustiva realidad:

41 La potencia creadora del alma,
Aspira desde el fondo del corazón,
A encender en la vida del hombre
Fuerzas divinas para un recto obrar,
Formarse a sí mismo,
En el amor humano y en la tarea del hombre.

Der Seele Schaffensmacht
Sie strebet aus dem Herzensgrunde,
Im Menschenleben Götterkräfte
Zu rechtem Wirken zu entflammen,
Sich selber zu gestalten
In Menschenliebe und im Menschenwerke.

Íntimamente ligado está el siguiente verso, que nos adentra bastante en el primer mes del nuevo año:

42   Es, en esta oscuridad invernal,
     La fuerza propia de la manifestación,
     Del alma el tenaz impulso,
     Dirigirlos a la oscuridad,
     Y presintiendo adelantar
     Por el calor del corazón
     La manifestación de los sentidos.

     Es ist in diesem Winterdunkel
     Die Offenbarung eigner Kraft
     Der Seele starker Trieb,
     In Finsternisse sie zu lenken
     Und ahnend vorzufühlen,
     Durch Herzenswärme, Sinnesoffenbarung.

Después viene el último verso para enero, que puede ser visto como una expresión de lo que ha sido asociado desde la antigüedad con el día de la conversión de Pablo en Damasco, enero 25. En sus líneas encontramos la fuerza interior y la constancia del impulso del corazón:

43   En las profundidades invernales
     Entra en calor, del espíritu su verdadero ser,
     Da al resplandor del mundo,
     De fuerzas del corazón potencias del existir,
     Al frío del mundo se rebela fortaleciéndose,
     El fuego del alma en el interior del hombre.

     In winterlichen Tiefen
     Erwarmt des Geistes wahres Sein;
     Es gibt dem Weltenscheine
     Durch Herzenkräfte Daseinsmächte;
     Des Weltenkälte trotzt erstarkend
     Das Seelenfeuer im Menscheninnern.

En febrero una nueva fase del curso de la tierra comienza. El periodo de la introversión invernal está pasando y el mundo exterior comienza a revelarse a sí mismo a los sentidos de nuevo. En el verso 44 tenemos 'Acogiendo nuevos estímulos sensoriales', pero en este y el verso siguiente no se hace mención del corazón. El mundo encuentra su camino hacia el alma humana y se prepara para la Pascua. Entonces, poco antes de la marea de la Pasión, en la semana que cubre el fin de febrero y el inicio de marzo, la palabra 'corazón' resuena una vez más. Es este uno de los cuatro versos en el curso del año (versos 5,

22, 31 y 48) que se conectan de manera estrecha con la 'luz del mundo', y en él la palabra 'corazón' aparece por séptima y última vez:

48 En la luz, que de alturas del mundo
   Al alma vigorosamente quiere fluir,
   Aparezca, resolviendo enigmas del alma,
   La certeza del cósmico pensar,
   Reuniendo el poder de sus rayos,
   Despertando amor en el corazón humano.

   Im Lichte, das aus Weltenhöhen
   Der Seele machtvoll fliessen will,
   Erscheine, lösend Seelenrätsel,
   Des Weltendenkens Sicherheit,
   Versammelnd seiner Strahlen Macht,
   Im Menschenherzen Liebe weckend.

La séptima mención de la palabra 'corazón' es como un eco. El alma en primavera y verano se vuelca a experimentar el mundo; se mueve hacia afuera a través de la puerta de los sentidos y comienza a ocuparse de la creación que viene a ser, madurando y desdibujándose. Sólo justo antes de la Navidad es que la cualidad interna del corazón se hace tan potente que puede una vez más dar expresión a esta introversión.

De los 52 versos del Calendario, entonces, son éstos los siete en los que la palabra 'corazón' ocurre – toda vez entre los versos 37 y 48. Este es un signo común a ser observado en los versos de invierno y Navidad.

2

Siguiendo paso a paso el sendero a lo largo del cual el corazón y sus cualidades son descritos, encontramos abriéndose ante nosotros una perspectiva del órgano del corazón y su formación interna, y su amplio significado para nosotros.

El primer paso es la tarea del despertar urgente por parte del corazón para llevar luz espíritu a la noche del ser invernal. Aquí el corazón es muy específicamente descrito como 'mío' – 'aspira dichoso el impulso de mi corazón' (verso 37). Un sentimiento de júbilo fluye a través del alma del hombre mientras se aproxima al umbral de las doce noches santas.

Después sigue el verdadero verso de Navidad: Del recién experimentado júbilo, la claridad del corazón se esparce. Una luz radiante del corazón rodea el nacimiento del "Niño del Espíritu". La Navidad ha llegado completamente; el periodo de las doce noches santas comienza.

Después de esto hay un hueco en el proceso de transformación del corazón. El verso 39 no lo menciona: El alma se rinde a la revelación del espíritu y experimenta la luz del ser del mundo. Lo que ha sucedido es que la irradiación de la clara luz del corazón se ha convertido en un ojo, por el cual la luz del mundo puede ser percibida.

Pero el corazón es más que un ojo: Es también transformado en un oído cuando, de 'mundos de amor del corazón', la 'fuerza ígnea de la palabra del mundo' comienza a resonar en el alma. Esta experiencia marca el fin de las doce noches santas. El corazón se ha vuelto un y la fuerza ígnea de la palabra del mundo.

Ahora el ser interior del hombre es, por así decirlo, recién nacido. Porta su poder de renovación dentro de sí mismo; yace en los cimientos de su propio corazón:

41 La potencia creadora del alma,
    Aspira desde el fondo del corazón

En esta cuarta transformación no es ya urgente para el corazón esparcir luz en la oscuridad invernal del mundo, sino lo es el tomar el trabajo de la tierra y aspira

Formarse a sí mismo,
En el amor humano y en la tarea del hombre.

Con esto, la primera de cuatro etapas de metamorfosis ha concluido. El gozoso anhelo del corazón en el previo periodo de Adviento se había transformado a sí mismo en la claridad en el tiempo del misterio de la Navidad, y como resultado, el sentido interior fue nacido, el cual, gracias al 'ojo' y 'oído' del corazón, había permitido al alma experimentar las revelaciones invernales de las doce noches santas. Finalmente esta experiencia ha creado el poder necesario para la renovación de su actividad dentro de la vida del hombre.

Pero inmediatamente aparece un reto para probar el poder de lo que recién ha sido ganado. En la oscuridad del invierno (verso 42), el calor del corazón debe preparar la esfera en la que experiencias sensoriales que están por venir deben ser obtenidas por anticipado. De este calor la potencia del ser (43) fluye hacia el mundo del invierno y fortalece el poder de la resistencia en el ser interior del hombre:

43 Al frío mundo se rebela fortaleciéndose,
    El fuego del alma en el interior del hombre.

El calor y fuerza del corazón han resistido: La empuñadura del invierno y el frío externo han sido superados porque el corazón del hombre ha experimentado su nuevo nacimiento. Este es el camino del desarrollo interior que el corazón recorre desde antes de Navidad hasta el fin de enero. Ahora el corazón se retira hacia las profundidades de su pura y oculta actividad.

El corazón se menciona sólo una vez más. Cuando la graciosa luz de la primavera que se aproxima fluye hacia la tierra, portando en sus alas la seguridad de los pensamientos del mundo, la puerta a la cámara secreta del corazón se abre de nuevo, despertando al amor interno. Este es el mensaje del verso 48, al que sigue inmediatamente la Pasión.

3

¿Qué debemos concluir de que el Calendario únicamente mencione al corazón durante el invierno? Después de todo, él sigue latiendo activamente a lo largo de todo el año.

En uno de los cuadernos de Rudolf Steiner de 1924[xv] hay unas líneas que nos recuerdan de la cercana conexión del sol en el cielo con el corazón en el hombre. Terminan con esta afirmación:

Mirando hacia arriba puedo ver
En el orbe brillante del sol
La potencia del corazón del mundo.
Mirando hacia dentro puedo sentir
En el cálido latir del corazón
El sol del hombre hecho parte de la vida.[18]

Sehen kann ich aufwärtsblickend
In der Sonne hellem Rund
Das gewalt'ge Weltenherz.
Fühlen kann ich einwartsschauend
In des Herzes warmem Schlag
Die beseelte Menschensonne.

Aquí el secreto es claramente indicado, y también aparece en el Calendario durante el año. El primer verso para la Pascua habla sobre el sol exterior:

1   Cuando de las vastedades del mundo
     El sol habla al sentido del hombre

A partir de entonces se hacen referencias al sol una y otra vez. El verso 4 habla de 'el mundo iluminado por el sol'; en el verso 10, para el inicio de junio, las primeras líneas leen:

10 A alturas estivales
    Se eleva el resplandeciente ser del Sol

y el verso 11 habla de 'la hora estival' del sol, en la que el alma humana es llamada al más alto sacrificio. Después de este verso, que establece el ánimo para San Juan, no se menciona más al sol: El hombre le ha perdido de vista y 'las alturas de los sentidos' (verso 13) y la 'revelación sensorial' (14) han tomado posesión de su ser. El 'embotamiento sensorial' (15) se esparce en torno suyo.

Durante este tiempo, sin embargo, el verbo del mundo hace fructífero al ser del hombre. Lo Divino, rigiendo en el mundo, renueva el alma y desde el cielo un sonido desciende en ella. Este nuevo ser se muestra a sí mismo en el atuendo luminoso de la gloria externa que vela la luz solar. En las siguientes semanas no hay mención de luz ni de sol. Sólo al inicio de septiembre, cuando el calor del verano desciende y el otoño se acerca, leemos:

22 La luz de vastedades cósmicas
    En el interior perdura fuertemente:
    Deviene luz del alma.

De ahora en adelante la luz externa se transforma en una luz interior; se convierte en 'lumbre solar' en el alma (verso 25), 'entrega del sol estival' (27), 'poderío solar del alma' (28), 'verano del alma' (30). Así la herencia del verano despierta en el ser interior del hombre y lleva al 'verano del alma' en el invierno.

Pero no hay aún mención del corazón. Durante el otoño la luz interior está aún por amanecer. Ilumina el alma, fluye hacia el pensar e impregna la voluntad. El corazón del hombre, sin embargo, está aún silencioso, envuelto en la luz del alma. Está preparándose silenciosamente para el misterio de la Navidad. Desde San Juan, el corazón, que es el órgano físico del alma y espíritu del hombre en su ser interior, se ha convertido en la cuna del verbo del mundo.

Luego en el Adviento:

36 En las profundidades de mi ser habla,
    Impulsando hacia la manifestación
    Enigmáticamente el verbo del mundo

Y ahora los manantiales del corazón brotan. Porta la luz del espíritu hacia 'la noche cósmica invernal' para que 'la palabra de Dios, en la oscuridad sensorial, resuene, glorificando todo existir' (37). La luz del alma se unifica con la clara luz del corazón, y el sagrado verbo del mundo, 'el fruto de la esperanza del cielo' crezca hacia afuera 'a los rincones del mundo'. Se convierte en el poder creativo del alma y se manifiesta en el trabajo y amor de los hombres así transformados.

El sol no brilla meramente, también resuena; su luz no sólo irradia, se convierte en alas para el pensamiento y el verbo del mundo. Por esta razón cuando, por u n momento, el año en su curso aguanta la respiración, permanece quieto y en silencio escucha para el todopoderoso poder de los cielos, es posible para el corazón humano, que es el sol interior, convertirse en un ojo y un oído para el mundo durante las doce noches sanas. A esta percepción interna despierta el hombre suprasensible, y el poder del espíritu puede fluir a través suyo. Aquí, en las palabras que recurren, el nacimiento y muerte del alma anualmente consumados se encuentran y se entretejen con el espíritu del mundo. En el verano el alma es llevada a la mesa celestial y ahí se ofrece a sí misma. Muere y en auto-rendición es alimentada por el pan del cielo y renace. El verbo del mundo trabaja en ella y el corazón se convierte en ese fruto del cielo que ilumina todo quehacer humano. El corazón se vuelve la cuna del 'Niño del Espíritu'. Así también en el siguiente verso, se hace referencia al corazón:

O Corazón, portador del alma
La potencia espiritual de tu luz
Conjura vida
De las profundidades insondables del hombre.

Herz, du seelentragendes,
Deines Lichtes Geistgewalt
Zaubert Leben aus des Menschen
Unermesslich **tiefem** Innern.

En Navidad esto pasa a la esfera de la revelación interna en el espacio. Es la luz que se origina en la luz espíritu del mundo, que brindó calor a los corazones de los pastores e iluminó las sabias cabezas de los reyes: Vive aún como sonido en el corazón. Ahora el corazón y la Navidad son uno. La Navidad es el corazón del mundo manifestado; el corazón es la Navidad oculta del alma humana en crecimiento.

Endnotes

1. Karl König: *The Calendar of the Soul: A Commentary,* Richard Steel, ed., Simon Blaxland de Lange, tr., Floris Books (Edinburgh 2010), pp209–218 and 246–260, with permission from the Trustees of the Karl König Archive.
2. *Rudolf Steiner's Calendar of the Soul: A Commentary,* E.H. Goddard and A.C. Harwood, tr., verses translated by A.C. Harwood, Rudolf Steiner Press (London 1977), pp75–101.
3. Paul Schütz: *Parousia. Hoffnung und Prophetie* (Heidelberg 1960).
4. Josef Pieper: *Über die Hoffnung* (Munich 1949).
5. Ernst Bloch: *Das Prinzip Hoffnung* (Frankfurt 1954–1956).
6. Paul Schütz: 'Charisma Hoffnung' (*Studenbuch* 10, Hamburg), p119.
7. Josef Pieper: op. cit., p27.
8. Quoted by Pieper, op. cit., p37.
9. Josef Pieper: op. cit., pp42f.
10. Rudolf Steiner: *Weltenwunder, Seelenprüfüngen und Geistesoffenbarung,* seven lectures in Munich, August 1911, first lecture (4th edition, Dornach 1960).
11. Rudolf Steiner: Notes on the *dramatis personae* of *The Soul's Probation.*
12. Édouard Schuré: *Genesis of Tragedy and the Sacred Drama of Eleusis* (Dornach 1939).
13. Rudolf Steiner: *Wahrspruchworte,* p215 (Dornach 1961).
14. Rudolf Steiner: *Die Mission der neuen Geistesoffenbarung,* lecture in Vienna, 14 June 1911 (printed in *Mitteilungsblatt,* 'Was in der Anthroposophischen Gesellschaft vorgeht,' 24, no. 36/39, September 1947).
15. Rudolf Steiner: 'Faith, Love, Hope,' two lectures in Nuremberg, 2&3 December 1911 (English translation published in *The Golden Blade* 1964, from which this and the two following extracts from the lecture of 2 December are taken.)
16. Rudolf Steiner: *Die Mission der neuen Geistesoffenbarung,* lecture of 14 June 1911.
17. G.E. Lessing: *The Education of the Human Race.*
18. Rudolf Steiner: *Wahrspruchworte,* op.cit., p179.

Bibliographía

Feldman, Christina. *Silence: How to Find Inner Peace in a Busy World*, Rodmell Press: Berkeley, CA, 2003.

König, Karl. *The Calendar of the Soul: A Commentary,* Richard Steel, ed., Simon Blaxland de Lange, tr., Edinburgh: Floris Books, 2010.

Kügelgen, Helmut. *Spiritual Insights*, Waldorf Kindergarten Association: USA, 1999.

Steiner, Rudolf. *Calendar of the Soul* (Pusch translation), Anthroposophical Society in Canada: Thornhill, ON, 1975.

_____. *Calendario del Alma*, 1a. Ed., Villa Adelina, Argentina, Ed. Antroposófica 2010. Traducido por Francisco Schneider – J. Wolfran Schneider.

_____. *Christ in Relation to Lucifer and Ahriman*, Anthroposophic Press: Hudson, NY, 1978.

_____. *Faith, Love, Hope*, Steiner Book Centre, Vancouver, BC, 1961.

_____. *Faithfulness Meditation*, pamphlet.

_____. *Foundations of Human Experience*, Anthroposophic Press: Hudson, NY, 1996.

_____. *The Four Seasons and the Archangels*, Rudolf Steiner Press: London, 1984.

_____. *Guidance in Esoteric Training*, Rudolf Steiner Press: London, 1972.

_____. *Karmic Relationships Vol. II*, Rudolf Steiner Press: London, 1956.

_____. *Reincarnation and Karma*, Anthroposophic Press: Hudson, NY, 1992.

_____. *Towards the Deepening of Waldorf Education*, Pedagogical Section of the School of Spiritual Science, Goetheanum: Dornach, Switzerland, 1991.

Smit, Jørgen. *Meditation: Transforming Our Lives for the Encounter with Christ*, Rudolf Steiner Press: Sussex, England, 1991.

Swan, James A. *The Power of Place and Human Environments*, Quest Books: Wheaton, IL, 1991.

Tautz, Johannes. *The Meditative Life of the Teacher*, Pedagogical Section Council of North America: Ghent, NY, 1990.

Taylor, Barbara. *Silence: Making the Journey to Inner Quiet*, Innisfree Press: Philadelphia, 1997.

∞

www.ingramcontent.com/pod-product-compliance
Lightning Source LLC
Chambersburg PA
CBHW071356090426
42738CB00012B/3135